Peter Landgraf   Perlen der Seidenstraße

Peter Landgraf

Perlen der Seidenstraße

Von Almaty über Taschkent, Samarkand und Buchara nach Aschgabat
Mit der Eisenbahn auf alten Karawanenwegen

Herstellung und Verlag: Books on Demand GmbH, Norderstedt
Printed in Germany
Text, Karten und Umschlaggestaltung: Peter Landgraf
Bildnachweis S. 137
Internet: www.peterlandgraf.de

ISBN   9 783837 021561

Die Deutsche Bibliothek verzeichnet diese Publikation in der Deutschen National-
bibliografie; detaillierte bibliografische Daten sind im Internet abrufbar über
http://dnb.ddb.de

Inhalt

Wie locker aufgefädelt
reihen sich glänzenden Perlen gleich
prächtige Oasenstädte an alten Karawanenwegen,
die wir Seidenstraße nennen.

Erste Kontakte

„Wo, bitte, ist die Seidenstraße?", sagte ich scherzhaft zu Fu Hao, als wir im Frühling des Jahres 1990 durch die Altstadt von Xian wanderten und von der Wehrmauer am südlichen großen Stadttor auf das Gewirr der Gassen hinunterblickten. Changan hieß einst die alte Hauptstadt des chinesischen Kaiserreiches, „Stadt des ewigen Friedens". Über tausend Jahre war sie die Metropole Chinas – der Nabel der Welt aus der Sicht des Han-Volkes.

Nach ihrem traditionellen Verständnis leben die Chinesen im „Reich der Mitte", wie die chinesische Bezeichnung ihres Landes „Tschungkuo" übersetzt heißt. Gerne nennen sie ihre riesige Heimat auch „Tienhsia", was „Land unter dem Himmel" bedeutet.

Die schachbrettartige Anlage der Stadt, deren vier Tore in die vier Himmelsrichtungen weisen, unterstreicht diese Auffassung. Im Schnittpunkt der Weltachsen thronte der Kaiser.

Seit alter Zeit war Xiang eine weltoffene, eine moderne Stadt mit einer multikulturellen Gesellschaft. Sie war Ausgangspunkt der Handelswege, die zu anderen Städten des eigenen Reiches, vor allem aber hinaus in ferne Länder zu fremden Völkern führte, mit denen Handel betrieben wurde – zuerst mit den Stämmen im Norden und den Turkvölkern jenseits der Wüsten Gobi und Taklamakan im zentralasiatischen Westen, später dann weit darüber hinaus.

Qin Shi Huangdie war der erste Kaiser Chinas. Er einte die zerstrittenen Reiche und gab 221. v. Chr. den Auftrag, die zum Teil bereits bestehenden Befestigungsanlagen miteinander zu verbinden und auszubauen. Die Große Mauer, die Chinesische Mauer entstand. Nach der Dynastie der Qin, Chin gesprochen, nennen wir das Land seit alters her China.

Der erste Kaiser reformierte die Schrift und er erließ für den Fernhandel wichtige Gesetze. Maße und Gewichte wurden vereinheitlicht, die Spurbreite von Wagen und Straßen genormt.

Die Ereignisse an den Grenzen des Landes etwa einhundert Jahre später schufen die Voraussetzung für eine Ausweitung und Besicherung des Fernhandels. Die Nomaden- und Reiterstämme im Nordwesten einigten sich zu dieser Zeit zu größeren Verbänden. Die Xiongnu, die Hunnen, bildeten eine bedrohende Gefahr für die Dynastie der Han, die zweihundert Jahre vor und zweihundert Jahre nach der Zeitenwende die Herrscher stellten. Den Raubzügen dieser Reiternomaden musste ein Ende bereitet werden. Die Barbaren, von den Han als ungesittete Wilde bezeichnet, die immer wieder in das Land einfielen, bis zu den Mauern Changans vorrückten, die Hauptstadt bedrohten und mit Seide und anderem kostbaren Diebesgut und einer Han-Prinzessin als Beute den Rückzug antraten, mussten besiegt werden..

Wudi bestieg den Thron 141 v. Chr. Mit mehreren Feldzügen versuchte der Kaiser die Xiongnu zu vertreiben oder gar zu unterwerfen. Das Reich wurde nach Westen ausgedehnt, die Gansu und Xinjiang genannten Gebiete wurden dem Reich einverleibt.

Noch weiter westlich siedelten die Jahrzehnte zuvor von den Hunnen vertriebenen Tocharer in dem Gebiet zwischen dem heutigen nördlichen Afghanistan und dem östlichen Usbekistan. Das rätselhafte Volk, das die Chinesen Yuezhi nannten, mag indoeuropäischer oder nordpersischer Abstammung gewesen sein – die Gelehrten sind sich darüber nicht einig. Sie züchteten im Lande Kokand im fruchtbaren Ferghanatal feurige Pferde, die den chinesischen Rassen an Schnelligkeit und Ausdauer überlegen waren. Als Kaiser Wudi davon erfuhr und ferner Kunde von noch fernen Völkern erhielt – von Indern, Persern, Ägyptern, Griechen und Römern – die Interesse an chinesischer Seide hatten, schickte er Soldaten aus, um die Yuezhi in Schach zu halten und einige der begehrten feurigen Pferde zu erbeuten. So konnte der Handel weit über die eigenen Grenzen hinaus ausgebaut und sicherer gemacht werden. Neben der Seide waren Teppiche, Jade und Porzellan die von den fremden Völkern begehrtesten Produkte, die auf den Karawanenwegen schließlich bis zum äußerst entfernten Mittelmeer, nach Indien und nach Eurasien und von dort bis nach Skandinavien gebracht wurden.

Die alten Karawanenwege

Changan war eine bemerkenswerte Stadt. Während ihrer Blütezeit in der zweiten Hälfte des ersten Jahrtausends beherbergte sie rund zwei Millionen Menschen. Geschäftiges Treiben herrschte auf den Straßen. Täglich wurden Märkte abgehalten. Handel und Gewerbe bildeten einen durchaus wohlhabenden Mittelstand. Manufakturen nahmen kleinindustrielle Formen an. Marco Polo berichtet in seiner Reiseerzählung „Die Wunder der Welt": „Sehr viel Gold- und Seidentücher werden fabriziert. Tüchtige Handwerker stellen Armee-Ausrüstungen her. Alles, was es braucht, um ein angenehmes, üppiges Leben zu führen, kann man hier zu wohlfeilem Preis erstehen." Steuern flossen reichlich aus dem ganzen Land in die Staatskasse und von dort in die Taschen der Staatsdiener. Das Heer des Hofadels und der gut bezahlten Mandarine und Beamten war unübersehbar; die Nachfrage nach Luxusgütern und die einhergehende Verschwendung unermesslich.

Die Chinesen lieben eine blumenreiche und bildhafte Sprache. Als die Kaiser Changan als Sitz aufgaben und ihre Residenzen immer weiter östlich zuerst nach Luoyang, dann neben anderen nach Nanking und schließlich nach Peking verlegten, wurde der alten und ehemaligen Hauptstadt der neue Name Xian gegeben, „Westlicher Friede".

Vom Westlichen Stadttor, dem Xi Men, erschließt sich ein grandioser Blick auf eine der beiden Hauptachsen der Stadt. In der Mitte leuchten die gelben Ziegeldächer des Glocken- und des Trommelturms. Ihr Klang signalisierte das Öffnen und Schließen der Tore und den Beginn und das Ende der Tagesarbeit am Morgen und am Abend, aber auch Feuersbrünste und andere Ereignisse. Fu Hao deutete bei meinem Besuch von Xian vor vielen Jahren hinüber zum Östlichen Stadttor, dem Dong Men. „Sehen Sie daneben den Dong Yue Miao, das ist der den Chinesen heilige Tempel des Ostberges.

Fu Hao machte damals noch auf weitere Besonderheiten der Stadt aufmerksam. In der Nähe des Trommelturmes steht der daoistische Tempel des Stadtgottes. Unmittelbar daneben erbauten ortsansässige

Muslime ihre große Moschee mit einem Minarett im chinesischen Pagodenstil. Und nicht weit entfernt vom Südlichen Stadttor errichteten indische Mönche einen Tempel zu Ehren Buddhas, den Da Xing Shan.

Keine andere Stadt der Welt zeigte im ersten Jahrtausend unserer Zeit fremden Religionen gegenüber eine derartige Toleranz.

Xian und das Westtor Xi Men waren Ausgangspunkt und Ende der großen Karawanenwege, die wir heute Seidenstraße nennen, s. S. 131.

Sie führten im Schutz der Großen Mauer und südlich der Wüste Gobi zunächst nach Dunhuang im Westen des Landes. Fünfundvierzig Tagesmärsche wurden für die erste große Etappe veranschlagt, weiß Bruno Baumann in seinem Buch „Abenteuer Seidenstraße" zu berichten. Bis zur Furt über den Gelben Fluss bei Lanzhou konnten noch Wagen und Pferde eingesetzt werden. Dann wurden die Wege steiniger und sandiger. Kamele übernahmen fortan die Last des Transportes.

Nicht nur Händler reisten auf der Seidenstraße in ferne Länder. Zahlreiche Fremde fanden auf ihr den Weg nach China: Kaufleute, die Waren aus Indien, Eurasien und dem Orient brachten; ebenso Mönche, Gelehrte, Künstler, Ingenieure, Baumeister und Diplomaten. Sie hatten eben nicht nur Waren im Gepäck, sondern auch Wissen, Philosophien und unbekannte Religionen. So fanden der persische Feuergott Zarathustras und die Lichtreligion Manis ebenso ihren Weg nach Xian und China wie der Buddhismus, die nestorianischen Christen und schließlich der Islam.

Vor allem der Buddhismus gewann viele Anhänger. Seit König Ashoka von Indien im 3. Jh. v. Chr. zur Verbreitung der Lehre aufrief, zogen Mönche missionierend durch Zentralasien und von dort über die Karawanenwege nach China. Während der Islam ab Ende des 8. Jh. in Zentralasien den Buddhismus verdrängte, überdauerte dieser in China bis in die Gegenwart.

Der erste Abschnitt der Karawanenstraße wurde im Lauf der Jahrhunderte ein Spiegelbild der buddhistischen Lehre. Zahlreiche Klöster, Tempel, Stupas, Buddhastatuen und die berühmten 1000-Buddha-Höhlen mit farbenprächtigen Wandmalereien säumen diese Strecke und geben noch heute ein beredtes Zeugnis von der begeisterten

Aufnahme der friedfertigen buddhistischen Religion in das Weltbild der Chinesen.

Das öde Land selbst, das die Seidenstraße durchzog, war jedoch alles andere als friedlich. Steppen, Steinwüsten und Sanddünen wechselten einander ab. Gefährliche Sandstürme setzten den Karawanen zu und Überfälle von Reiternomaden waren an der Tagesordnung. Garnisonen und mit Soldaten besetzte Wachtürme sicherten die Strecke. Dazwischen standen Signaltürme und nachts waren die Sterne die Wegweiser.

Dunhuang war einst die größte der Garnisonsstädte – überragt von einer gewaltigen Festung und umgeben von zahlreichen Signal- und Wachtürmen, nach denen sie „Strahlender Feuerturm" genannt wurde, wie die Übersetzung des Namens besagt.

Die Menschen von Dunhuang lebten von den Karawanen. Die Händler und Reisenden übernachteten in großzügig gebauten Karawansereien. Hier wurden die Lasttiere gewechselt, die Vorräte an Nahrungsmittel und Wasser ergänzt und Waren an Zwischenhändler weiterverkauft. Die Angehörigen des regionalen Fürsten und die Familien der Großgrundbesitzer mehrten ihren Wohlstand und konnten die Gärten der die Stadt umgebenden Oase wie ein kleines Paradies genießen.

Westlich von Dunhuang liegt das Tarimbecken mit einer der unzugänglichsten Wüsten der Welt, der Taklamakan.

Jenseits dieser Wüste, im äußersten Westen Chinas und an der Grenze zu den Ländern der Turkvölker, befindet sich die Oasenstadt Kashgar. Sie war das nächste große Ziel der Karawanen auf der Seidenstraße, die sich hinter Dunhuang in drei Routen teilte – in eine südliche, eine nördliche und eine mittlere.

Die Südroute wird als die älteste angesehen. Sie galt im Vergleich zur Nordroute als sicherer. Sie führte am Fuße einer Gebirgskette entlang, die China und Tibet begrenzt. Die aus den Bergen herabströmenden Flüsse speisen mehrere Oasen am Rande der Taklamakan, in deren Karawansereien Station gemacht wurde. Das besondere Interesse der Reisenden galt dem Straßenbasar von Khotan. Dort wurde weiße Jade angeboten. Den Schmuckstein fand man im Fluss der Oase und der „Stein des Himmels" war nicht nur bei den Chinesen hoch begehrt, sondern ein kostbares Luxusgut für den Handel in der Fremde.

Marco Polo nahm nach seinen eigenen Schilderungen in seiner Reisebeschreibung die Route über Khotan in die entgegengesetzte Richtung. Er war auf dem Weg nach Shangtu in der Inneren Mongolei, wo er in der Sommerresidenz der mongolischen Herrscher 1275 von Kublai Khan empfangen wurde. Zu dieser Zeit bevorzugten nur noch wenige Karawanen die Südroute, da dort die Wasserstellen immer mehr versandeten. Möglicherweise hatten die Überfälle auf den anderen Wegstrecken wieder zugenommen.

Von Kothan berichtet Marco Polo: „Da ist alles im Überfluss vorhanden. Baumwolle wächst hier. Die Leute treiben Rebbau, pflegen ihre Güter und die vielen Gärten. Sie sind Händler und Handwerker."

„Aus dem Gestein der Flüsse kann reichlich Jaspis und Chalzedon gewonnen werden", erzählt er weiter. „Die schönen Steine werden zu hohen Preisen verkauft."

„Der Boden der ganzen Provinz ist sandig", fährt Marco Polo mit seiner Schilderung fort. „Immer, wenn ein feindliches Heer auf dem Durchmarsch ist, flieht die Bevölkerung samt dem Vieh zwei, drei Tage weit über die Sandebene an Orte, wo die Leute wissen, dass gutes Wasser fließt, und wo sie daher überleben können. Ich versichere euch, kein Mensch ist imstande, ihren Spuren zu folgen, weil der Wind die Sandwege verweht. Das Land sieht nach ihrem Durchzug aus, als ob nie ein Mensch oder Tier es betreten hätte. Auf diese Art und Weise retten sie sich vor ihren Feinden."

Besonders eindrucksvoll gibt Marco Polo seine Erinnerungen von der Durchquerung des Wüstengebietes am Ostrand der Taklamakan wieder: „Jeder Wüstenreisende schaltet eine Ruhepause von einer Woche ein, um sich und seine Tiere zu stärken. Darauf deckt er sich für einen Monat mit Esswaren und Futter ein, dann verlässt er die Stadt und tritt die Wüstenreise an. Überall Berge, Sand und Täler. Nichts Essbares. Aber dies kann ich euch sagen: Nach Ablauf eines Tages und einer Nacht findet man Trinkwasser, allerdings nicht genügend für ganz große Karawanen, doch ausreichend für fünfzig bis hundert Menschen mit ihren Tieren. Durch die ganze Wüste hindurch gibt es im Abstand von einem Tag und einer Nacht Wasserstellen. Ihr müsst zwar wissen, dass drei oder vier brackig und salzig sind, doch die anderen sind gut; im Ganzen sind es ungefähr achtundzwanzig. Weil in der Wüste nichts wächst, leben da keine Tiere, keine Vögel."

Dreiundfünfzig Tagesritte benötigte Marco Polo für die Südumgehung der Taklamakan von Kothan nach Dunhuang.

Das bedeutet, dass die Karawanen für die gesamte Strecke von Xian bis an die Grenze des chinesischen Reiches bei Kothan insgesamt mindestens dreieinhalb Monate unterwegs waren – Maßstäbe, die uns heute fremd geworden sind.

Wir gehen in unserer Betrachtung der Seidenstraße nochmals zurück zur Oasenstadt Dunhuang. Nur wenige Kilometer westlich dieser Garnison errichteten die Chinesen bereits 200 Jahre v. Chr. eine weitere uneinnehmbare Festung, Yumenguan. Sie sicherte das so genannte Jadetor – einen Pass an einer Wegscheide.

Von dort führte die Nordroute über die Oasenstadt Turfan und weiter am Südhang des Tienschan-Gebirges nach Westen bis Kashgar am Fuße des Pamir.

Die mittlere Route war die kürzeste. Auf ihr zogen die Karawanen direkt nach Westen, wo sie in Korla auf die Nordumgehung stießen. Die beschwerliche Strecke durchquerte eine Salzwüste, die sich Mitte des 3. Jh. rasch vergrößerte, als der See Lop Nor durch klimatische Veränderungen auszutrocknen begann. Kurz darauf war diese Route nicht mehr passierbar und die Nordroute gewann mehr und mehr an Bedeutung.

Gefahrvoll waren alle drei Routen gleichermaßen. Sand, Sand und nochmals Sand. Glühende Hitze. Unverhofft aufkommende Stürme. Ständig wirbelnder feinster Staub, der Mund und Nase verklebte und bis in die Lungen drang. Schwierigkeiten bei der Orientierung und Sichtung der auch hier errichteten Signaltürme. Eine falsche Entscheidung reichte, um Mensch und Tier in den sicheren Tod zu führen.

Trotz dieser Widrigkeiten siedelten Menschen am Rande der Taklamakan und entlang der Handelswege. Die klimatischen Gegebenheiten zeitigten außergewöhnliche Folgen. Die Hitze und der hohe Salzgehalt des Bodens entzogen organischem Material die Feuchtigkeit und konservierten es über Jahrtausende. Archäologen stießen bei Grabungen im trockenen Wüstenboden auf sensationelle Funde. In Gräbern entdeckten sie bis zu 4000 Jahre alte Zeugnisse der Menschheitsgeschichte.

Die Ausstellung „Ursprünge der Seidenstraße" in den Reiss-Engelhorn-Museen in Mannheim im Frühjahr 2008 präsentierte kostbar gemusterte Seidenmäntel und Jacken, bestickte Kissen und Teppiche in leuchtenden Farben, Schmuckstücke aus Gold, zierliche Figuren, kunstvoll geflochtene Körbe, Fellmäntel, Filzhüte, Lederschuhe und Totenmasken. Tamariskenzweige waren unverzichtbare Grabbeigaben. Noch im Jenseits sollten sie heilend wirken. Ihre antiseptische Gerbsäure half als wirkungsvolles Mittel bei Diarrhöe und sie linderte den nicht endenden Husten der Wüstenbewohner – Staublungen waren eine Folge der wiederholten Sandstürme.

Noch sind nicht alle Rätsel gelöst. Woher kamen die Menschen? Wie konnten sie unter den extremen Wüstenbedingungen leben? Fest steht: In den Wüstengräbern waren Menschen unterschiedlichster Herkunft bestattet – Asiaten und Indoeuropäer. Sie hatten zu Fuß oder mit Reittieren tausende von Kilometern zurückgelegt und Waren aus aller Welt transportiert. Die so genannte Seidenstraße war keineswegs eine Einbahnstraße.

In der Oase Kashgar am westlichen Ende der Taklamakan trafen die Südroute und die Nordroute wieder zusammen. Noch heute ist der Ort wirtschaftliches Zentrum und Handelsplatz einer ganzen Region im äußersten Westen Chinas. Auf dem Basar wird gefeilscht. Ziegen, Lämmer, Pferde, Rinder und Kamele wechseln die Besitzer. Die Zähne der Tiere werden sorgfältig geprüft. Ein Handschlag besiegelt das Geschäft. Nichts hat sich an der Prozedur geändert, seit hier vor Jahrtausenden zum ersten Mal Markt gehalten wurde.

Die Uiguren, ein aus dem Altaigebirge eingewandertes Turkvolk, stellen die Bevölkerungsmehrheit. Kasachen, Kirgisen, Usbeken, Tadschiken, Mongolen und natürlich Chinesen bilden zusammen mit den Uiguren ein buntes ethnisches Gemisch. Die Gesichter, die Kleidung und die Kopfbedeckungen lassen auf die Zugehörigkeit des Einzelnen schließen. Am Torturm zur Altstadt glänzt ein Halbmond und der Ruf des Muezzins erinnert den Fremden, dass er sich an einem vom Islam geprägten Ort befindet. Noch vor dem Ende des ersten Jahrtausends verbreiteten die Araber die Lehre des Korans im wahrsten Sinne des Wortes mit Feuer und Schwert. Das ganze Reich der Uiguren, das sich vom Westen Xinjiangs bis in den Norden des heute Autonomen Bezirks an die Grenze zur Mongolei erstreckte, wurde nach und nach islamisch durchdrungen.

In Kashgar, dem Tor der Seidenstraße zum Westen, trennten sich die Karawanenwege erneut.

Die aus Sicht der Europäer klassische Route führte über die Pässe des Pamir zunächst nach Zentralasien, einst Turkestan genannt. Höhen über 4.000 m mussten überwunden werden. Eisige Stürme fegten über die Hochebenen. Weder Kamele noch Pferde waren für die rauen klimatischen Bedingungen und die steilen steinigen Wege der Felsensteppen geeignet. Die Handelswaren wurden zur Bewältigung dieses Teilstücks auf Yaks umgeladen. Am Dach der Welt, wie der Gebirgszug des Pamir auch genannt wird, ist heute nur noch ein Pass geöffnet, der Torugart-Pass. Er bildet die Grenze zwischen China und Kirgisistan, das sich zwischen den Felsmassiven des Tienschan und des Pamir erstreckt. Von dort geht es hinunter in die fruchtbare, fast paradiesisch anmutende Ebene des Ferghana-Tals und weiter über die sagenumwobenen Oasenstädte Samarkand, Buchara und Merw, quer durch Persien nach Babylon und später nach Bagdad im Zweistromland und schließlich bis zum Mittelmeer, über das die Händler und ihre Waren nach oft jahrelanger Wanderung das Abendland erreichten, das wir Europa nennen.

Der zweite, möglicherweise ebenso bedeutsame Handelsweg, bog von Kashgar direkt nach Süden ab. Die Steinstadt Tashkurgan besicherte die Grenze des chinesischen Reiches. Steil bergan führt die Straße nach dieser Bastion zwischen Hindukusch und Karakorum hinauf zum Kunjirap-Pass in eine Höhe von 4.733 m. Karakorum-Highway wird heute die 1.284 km lange Straße genannt, die, ein Stück dem Indus folgend und am Nanga Parbat vorbei, China mit Pakistan verbindet. Taxila, die Hauptstadt der einst persischen Provinz Gandhara, war der nächste wichtige Knotenpunkt. Alexander der Große drang auf seinen Eroberungszügen bis hierhin vor. Die hellenistischen Einflüsse sind noch heute in den buddhistischen Skulpturen und Bauwerken der Gegend zu sehen.

Die Karawanenwege trennten sich beim antiken Taxila, in dessen Nachbarschaft 1960 Islamabad als Hauptstadt Pakistans erbaut wurde, erneut.

Die eine Route führte südöstlich nach Indien bis Mathura in der Nähe des heutigen Delhi; die andere westlich vorbei an Peshawar und über den Khyber-Pass nach Balch und Herat im heutigen Afghanistan. Noch ein Stück weiter im Westen traf diese Abzweigung in Persien wieder auf die klassische Seidenstraße.

Die nördlichste der weit verzweigten Karawanenstraßen verlief zunächst zwischen zwei Wüsten – der Schwarzen Gobi und der Taklamakan. Sie verband das Jadetor mit der Oase Turfan. Ein ausgeklügeltes, unterirdisches Bewässerungssystem – von Indo-Europäern vor etwa zweitausend Jahren angelegt – machte aus einer der heißesten Stellen der Erde eine grüne Oase mit fruchtbaren Feldern, Obstplantagen, Weingärten, Maulbeerbäumen und Pappelalleen. Als die Kaiser der Tang-Dynastie das chinesische Reich noch weiter nach Nordwesten ausdehnten und die türkischen Kleinreiche jenseits des Tienschan unterwarfen, konnten die Karawanen weitere Wegstrecken und Gebiete für den Handel erschließen. Eine der anfangs von Schatten spendenden Pappeln gesäumten Straßen Turfans verbindet die Oase mit der noch nördlicher gelegenen heutigen Hauptstadt der Uiguren, mit Urumqi.

Von dort führte ein Nebenzweig der Seidenstraße weit in den Westen, nach Almaty in Kasachstan, das besser als Alma Ata bekannt ist. Von dort zogen die Karawanen über die Stadt Turkestan zum Aralsee, dann zum Kaspischen Meer und schließlich bis Olbia am Schwarzen Meer.

Herodot von Halikarnass lebte von 490 bis 425 v. Chr. In einem seiner Bücher beschrieb er „Die Geschichte der Skythen" – das waren Reiternomaden, die im 1. Jahrtausend vor Chr. in den eurasischen Steppen lebten und bis in die Region südöstlich des Aralsees vorstießen. Herodot unternahm selbst ausgedehnte Reisen; eine davon ins Skythenland, wo er – nach seinen Erzählungen – auf die alten Karawanenwege stieß, die von China nach Eurasien führten. Von der

16

Mündung des Dons in das Schwarze Meer will er bis in das heutige Kasachstan vorgestoßen sein.

Marco Polo nennt weitere Zeitzeugen für die nördlichste der Routen – seinen Vater Nicolao Polo und seinen Onkel Maffeo Polo. Diese fuhren 1250 von Konstantinopel über das Schwarze Meer nach Sudak auf der Halbinsel Krim. Sie ritten von dort östlich bis zur Mündung der Wolga in das Kaspische Meer, so wie einst Herodot, dann weiter durch die Wüsten und am Aralsee vorbei bis Buchara. „Diese Stadt ist die prächtigste ganz Persiens", schreibt Marco Polo in seinem Buch, bevor er fortfährt, die Weiterreise der Polos zum Hof des Großkhans zu schildern.

Im Herzen der Seidenstraße

Einsam und karg empfindet der Reisende das Land zwischen dem Kaspischen Meer im Westen und den hohen Gebirgsketten des Altai und Pamir im Osten. Weite Steppen und Wüsten durchziehen das zentralasiatische Becken. Die Ufer der großen Seen, des Aralsees und Belchaschsees, drohen auszutrocknen. Nur die fruchtbaren Bergtäler, die zahlreiche Oasen und die großen Flüsse Amudarja, Syrdarja, Sarafschan und Ili spenden ausreichend Leben.
Seit Jahrtausenden besiedelten Indoeuropäer, Indoiraner, Mongolen und Turkvölker dieses Land, errichteten kleine und große Reiche und erbauten Städte von einmaliger Schönheit.
Kein Landstrich der Erde unterlag jedoch so vielfältigen Einflüssen von außen wie das Herz Zentralasiens. Die Länder, ihre Menschen und die Kulturen wurden von fremden Großreichen, einfallenden wilden Horden und den Heeren erobernder Feldherren geprägt, die alle ihre Spuren hinterließen. Friedliche Absichten hegten nur die Karawanen. Sie kamen aus dem fernen China, zogen von Oase zu Oase und suchten ihren Weg bis nach Kleinasien am Mittelmeer oder gar ins östliche Europa und bis nach Skandinavien.

Wer die Geschehnisse in den Ländern Zentralasiens begreifen will, der muss sich kurz mit ihrer Geschichte auseinandersetzen.
Lange Zeit sprach man von Turkestan; genauer gesagt von West-Turkestan. Heute verstehen wir darunter die turksprachigen Staaten Kasachstan, Kirgisistan, Usbekistan und Turkmenistan und das persischsprachige Tadschikistan, die alle 1991 die Selbständigkeit erlangten.
    Im sechsten Jahrhundert vor unserer Zeit dehnte Kyros II. das persische Großreich nach Osten aus. Er unterwarf die Nomadenstämme und gründete Provinzen, die Satrapien genannt wurden. Möglicherweise werden bei den Namen Choresmien, Sogdien und Baktrien Erinnerungen an den Geschichtsunterricht wach. König Darius I. stieß einige Jahrzehnte später auf seinen Eroberungszügen sogar bis

in den Punjab vor – jenem zwischen Indien und Pakistan aufgeteilten Gebiet, das immer wieder von bürgerkriegsähnlichen Auseinandersetzungen durchrüttelt wird.

Drei, drei, drei – bei Issos Keilerei. Die simple Jahreszahl lässt dieses geschichtliche Großereignis nicht vergessen. Alexander der Große war nicht aufzuhalten. Er überrannte Persien, überschritt den Oxus, heute Amudarja genannt, und wagte sich bis nach Taxila im antiken Gandhara und an den Indus vor. Es entstand ein griechisch-baktrisches Königreich. Die Stadt Baktra ist mit dem jetzigen Namen Balch ein Vorort von Masar-e Sharif im Norden Afghanistans, wo heute deutsche Friedenstruppen stehen.

Während in der Folge die iranischen Parther ihre Fühler nach Osten ausstreckten, drangen aus Transoxanien skythische Reiternomaden nach Süden vor, um einen Machtwechsel herbeizuführen. Auch Kaiser Wudi dehnte China zu dieser Zeit nach Westen aus. Durch diese Aktion wurden die von den Chinesen Yuezhi genannten Tocharer in das heutige östliche Usbekistan und das nördliche Afghanistan abgedrängt, wo sie wiederum die Skythen vertrieben.

Aus Nordosten zogen um die Zeitenwende die Kushanen herbei und gründeten gemeinsam mit den Tocharern ein großes Reich. Parallel dazu herrschten in Transoxanien nunmehr die Hephtaliten, die von den einen zu den Hunnen, von anderen zu den Tocharern gerechnet werden und möglicherweise ein Völkergemisch aus beiden waren. Sie lösten jedenfalls die Herrschaft der Kushanen ab.

Mitte des 5. Jh. setzte eine intensive Wanderbewegung der türkischen Stämme ein, die aus dem Altai und den sibirischen Steppen herandrängten. Ein erstes Reich der Göktürken wurde gegründet, das jedoch keinen langen Bestand hatte. Die Uiguren festigten dagegen ihr Reich, die Kirgisen verselbständigten sich und weitere türkische Volksgruppen drangen nach Zentralasien vor.

Im 8. Jh. übernahmen die Araber die Herrschaft. Die Omaijaden drangen 712 bis Transoxanien vor und setzten mit Feuer und Schwert den Islam durch. Das Reich der persisch-muslimischen Dynastie der Samaniden mit einem Emir in Buchara bestand von 819 bis 1005. Die türkische Dynastie der Kharakaniden nahm das Tarimbecken ein, bekannte sich zum Islam und drang im Westen bis nach Samarkand vor.

Dann kam der große Sturm aus dem Osten. Die kriegerischen Horden der Mongolen fegten über Zentralasien und China hinweg und errichteten unter Dschingis Khan das größte Weltreich, das jemals auf Erden bestand – auch wenn es von kurzer Dauer war und nur von 1206 bis 1294 hielt. Das Teilreich Tschagatai, nach dem zweiten Sohn Dschingis Khans benannt, existierte jedoch in Zentralasien mehr als dreihundert Jahre, von 1229 bis 1571. Diese Teilreiche wurden Khanate genannt. Sie waren muslimisch geprägt. Von 1370 bis 1405 herrschte Amir Timur, genannt Tamerlan. Sein Enkel, Babur, gründete das indische Mogulreich.

Mit der Entdeckung des Seeweges nach Indien durch Vasco da Gama 1498 schwand die Bedeutung Zentralasiens als Treffpunkt des Handels der damaligen Welt. China kämpfte mit inneren Schwächen. Der Zar Russlands nutzte das entstehende Machtvakuum, annektierte nach und nach die kleinen Königreiche und ließ 1867 das Generalgouvernement Turkestan mit Sitz in Taschkent ausrufen.

Mit dem Zerfall der Sowjetunion erlangten die Staaten Kasachstan, Kirgisistan, Usbekistan, Turkmenistan und Tadschikistan im Jahr 1991 die lang ersehnte Selbständigkeit.

*

Die klassische Seidenstraße von ihrem Ausgangspunkt in Xian in China über ihre verzweigten Wege in Zentralasien und weiter bis ans Mittelmeer zu bereisen, stellt ein schier unmögliches Unterfangen dar. Wir mussten uns deshalb bei der Planung bescheiden und eine Teilstrecke auswählen. Die Länder Kleinasiens und des vorderen Orients besuchten wir nach und nach in den vergangenen Jahrzehnten; ebenso China. So konzentrierten wir unsere Gedanken in der Vorbereitungsphase auf das Herzstück der Seidenstraße, wie ich es nennen möchte, auf die Route zwischen China und Persien und ihre Nebenstrecken, s. S. 132. Als wir von einer organisierten Zugreise von Almaty nach Aschgabat erfuhren, verfolgten wir diese Spur, buchten zwei Plätze und brachen am 12. Oktober 2008 zu einer abenteuerlichen Reise in die Vergangenheit auf – Der Mythos Seidenstraße erwachte für uns zu neuem Leben.

Das Paradies der Äpfel – Almaty

Der Vater Marco Polos, Nicolao, und dessen Bruder, Maffeo, waren auf Pferderücken die für uns heute unvorstellbare Zeit von fast sechs Jahren unterwegs, um von Konstantinopel über die Insel Krim am Schwarzen Meer an den Hof des Großkhans Möngke zu gelangen. Kriegerische Auseinandersetzungen der Goldenen Horde unter Führung von Berke-Khan zwangen die beiden Brüder, nachdem sie am Kaspischen Meer vorbei geritten waren, nach Süden auszuweichen, um nicht in die Streitigkeiten verwickelt und aufgerieben zu werden. Ungewollt führte sie der Weg nach Buchara. Dort harrten sie drei Jahre aus, bis der Konflikt beendet war. Eine Eskorte des Großkhans begleitete sie dann sicher auf dem „Rest" ihres Weges.

Drei Jahre ungewollter Aufenthalt! Bei unserer Anreise nach Zentralasien waren es nur zwei mal drei Stunden, die wir wartend auf dem Flughafen in Frankfurt zubringen mussten, bevor wir starten konnten.

Der erste Airbus 330-600, der uns nach Almaty im Osten Kasachstans bringen sollte, wurde wegen eines technischen Defekts noch nicht einmal aus dem Hangar zum Terminal gebracht. Eine freundliche Stimme kündigte eine Ersatzmaschine an, die auf dem Vorfeld zum Einsteigen bereit sei; ebenfalls ein Airbus 330-600. Die Passagiere fuhren hinaus und gingen an Bord, wir mittendrin. Nach drei Stunden des unermüdlichen Versuchs des Kapitäns und seines Copiloten, Defekte an der Elektronik zu beheben und die Ersatzmaschine zu starten, bat er die Passagiere mit einer Entschuldigung auf den Lippen, wieder von Bord zu gehen. Auch dieses Flugzeug überstand die vorgeschriebenen Checks der Prüflisten nicht.

Ungeduldig vertrieben wir uns zusammen mit anderen an der kleinen Kaffeebar am Schalter 47 die Zeit, aßen ein Käsebrötchen, tranken dazu ein Pils und schlürften anschließend eine Tasse Kaffee.

Nach weiteren drei Stunden durften wir an Bord eines neu heran geschleppten dritten Flugzeugs, wieder ein Airbus 330-600. Endlich, der Kapitän startete problemlos die Triebwerke. In Begleitung aller

Götter der an Bord versammelten Passagiere aus den unterschiedlichsten Kulturkreisen hoben wir in Richtung Kasachstan ab, wo wir nach knapp sechs Stunden Flug unseren Zielort erreichten.

„Herzlich willkommen in Almaty. Mein Name ist Mustafa." Ein freundlich lächelnder Mann begrüßt uns nach einer kurzen Ruhepause auf den Stufen des Hotels Otrar.

„Ich bin Kasache." Mit aufmerksamem Blick mustert er seine ihn umringenden Gäste.

„Kasachen erkennen Sie an der kleinen Nase und an den Schlitzaugen", ergänzt er verschmitzt.

Vorsichtig spähe ich zu unserer ständigen Reiseleiterin hinüber. Sie ist extrem schlank und groß, hat ein schmales, langes Gesicht und eine schmale lange Nase. Ihre Gesichtsfarbe ist deutlich heller als die Mustafas. Nargiza lese ich auf dem Schildchen über ihrer kleinen Brust. Woher mag sie stammen? Bestimmt werde ich das in den nächsten Tagen erfahren.

Noch einmal meldet sich Mustafa zu Wort, bevor wir zu einer Stadtrundfahrt aufbrechen. „Ich bin Sunnit. Danach werde ich immer wieder gefragt – spätestens wenn ich mit unseren Gästen vor der orthodoxen Kathedrale stehe. Sie erfahren es jetzt schon, ohne mich darauf ansprechen zu müssen." Listig wandern seine Augen in der Runde hin und her. Sein Deutsch ist ausgezeichnet.

An einer Kreuzung hält der Bus bei Rot. „Wir überqueren jetzt die Raiymbek Avenue", erklärt Mustafa. „Zur Zeit der Russen hieß sie Tashkentskaya. Vor Jahrhunderten kamen hier die Karawanen vorbei. Wenn Sie nach Osten fahren, erreichen Sie nach dreihundert Kilometer die Grenze Chinas und im Westen sind es achthundert Kilometer bis nach Taschkent in Usbekistan oder, auf der nördlichsten Route der Seidenstraße, eintausenddreihundert Kilometer bis zum Aralsee. Noch mal so weit ist es von dort bis zum Schwarzen Meer."

Almaty ist eine großzügig angelegte, grüne Stadt mit breiten Straßen und vielen modernen Gebäuden mit interessanter Architektur im Ortskern. Die meist schäbigen Plattenbauten der Besatzungszeit dazwischen werden von den Kronen unzähliger Baumriesen verdeckt – Pappeln, Platanen, Linden und Akazien kann ich ausmachen. Im

Spätherbst, wenn die Blätter fallen, und im Winter muss der Anblick der maroden Häuser traurig stimmen.

Mit Stolz beschreibt Mustafa die Sehenswürdigkeiten – die Oper, das Dramentheater, das Hochzeitsgebäude, den Zirkusbau, das Hyatt Regency und die daneben errichteten futuristischen Bürogebäude, das Zentralstadion, die großen Museen der Stadt und das Rathaus.

Almaty war Hauptstadt der Sowjetischen Republik Kasachstan. „Nach der erlangten Selbständigkeit verlegte die Regierung ihren Sitz in die neu ernannte Hauptstadt Astana." Mustafa legt eine Pause ein. „Trotzdem ist und bleibt Almaty die kulturelle und wirtschaftliche Metropole unseres Landes mit mehreren Universitäten, Hochschulen und der Akademie der Wissenschaft." Die Aussage lässt keine Zweifel offen. Seine Augen funkeln dabei.

Am Hotel Kasachstan steigen wir aus und wandern durch den Park zum Kulturpalast, vor dem Springbrunnen Fontänen sprühen, die wie Pusteblumen aussehen.

Einen weiteren Halt legt Mustafa an der neuen, zentralen Moschee ein – ein schlichter Bau, der als Freitagsmoschee genutzt wird, man kann auch sagen, als Hauptmoschee.

„Religionsausübung war zur Zeit der Sowjets eingeschränkt bis untersagt. Die Moscheen dienten den Besatzern als Lagerschuppen. Eine trostlose Zeit." Der Kommentar war selbstredend.

Einen bleibenden Eindruck hinterlässt bei allen der Besuch der orthodoxen Kathedrale – ein vor hundert Jahren errichteter Holzbau mit fünf Kuppeln, der das Erdbeben von 1921 ohne größere Schäden überstand. Die Außenwände tragen ein buntes Kleid aus Stuckfarbe in heller Farbenfröhlichkeit. Im Inneren dominieren kostbare, vergoldete Ikonen und Wandmalereien. Einige wenige Gläubige verharren im Gebet oder zünden Kerzchen an, die einen süßlichen Duft verströmen.

Mustafa umrundet die Kathedrale. Vorbei an noch reich blühenden Rosenbeeten führt er die Gruppe zum Mahnmal des Zweiten Weltkrieges im Panfilow-Park – Russische Monumentalkunst mit martialischen Gestalten, die dem Betrachter mehr Furcht einflößen denn Ehrfurcht gebieten. Eine Ewige Flamme lodert. Gedenksteine tragen Namen von gefallenen Soldaten und zerstörten Städten.

„Wie verstehen sich heute die Kasachen mit den Russen, von denen noch immer viele im Lande sind?" Einer der Teilnehmer fragt Mustafa unverblümt nach seiner Einschätzung, denn etwa dreißig Prozent der Bevölkerung stammen aus Russland.

Mustafa zieht die Augenbrauen hoch. Er denkt sehr lange nach, wie er diese heikle Frage beantworten kann. „Was soll ich sagen?" Das klingt so, als wolle er zum Ausdruck bringen, man hätte ihn lieber nicht gefragt. Dann ringt er sich doch noch zu einer Antwort durch. „Die Russen waren unsere Kolonialherren." Er macht eine Pause, bevor er fortfährt: „Und das bleiben sie für immer in unserer Erinnerung."

Mir fallen dazu die passenden Worte John F. Kennedys ein: „Vergib deinen Feinden, doch vergesse nie ihre Namen." Ich halte es für angebracht, ihm diesen Rat nicht weiterzugeben.

In seiner bisherigen Lebensspanne wurde Mustafa mit rasanten Veränderungen konfrontiert. In das Reich einer Großmacht hineingeboren, verspürte er in seiner Jugend die unangenehmen Seiten des Kalten Krieges, der Unterdrückung der Menschenrechte und der Mangelwirtschaft unmittelbar. Dem Vergangenen muss er nicht nachtrauern. Umbruch heißt die neue Erfahrung und Beschleunigung. In den siebzehn Jahren seit der Auflösung der Sowjetunion ereigneten sich mehr Verwandlungen und Veränderungen als in seinem ganzen Leben davor. Mustafa hat damit Schritt gehalten.

Gegen Mittag fahren wir mit dem Bus hinaus ins Vorgebirge nach Medeo – einem kleinen Vorort hoch oben in einem Tal gelegen. Die Straße führt an exklusiven Villen und Apartmenthäusern vorbei. „Hier wohnen die Neu-Kasachen." Jeder weiß, dass Mustafa mit dieser Umschreibung neureiche Emporkömmlinge meint. Auf weitere Anmerkungen verzichtet er.

Dichte Wolken hängen am Himmel. Nieselregen setzt ein. Laub- und Nadelwälder säumen die Straße. Dazwischen tauchen Obstplantagen auf. Das müssen Apfelbäume sein, die Almaty zum früheren Namen Alma Ata verhalfen, „Vater der Äpfel" übersetzt, oder besser verständlich „Stadt der Äpfel". Wissenschaftler stießen in der Umgebung von Almaty bei Grabungen auf die ältesten Spuren von wilden und kultivierten Äpfeln der Erde – der ganze Stolz der Einheimischen.

Nach einigen Windungen erreichen wir das kleine Hochtal mit dem landschaftlich reizvollen Ortsteil Medeo am Fuße des immer mit Schnee bedeckten Alatau Gebirgszuges, der zu dem gewaltigen Massiv des Tienschan gehört. Hier, auf einem Plateau, befindet sich in 1.690 m Höhe das größte und zugleich höchstgelegene Natureisstadion der Welt. Eisschnellläufer aus aller Herren Länder erzielten auf dieser Bahn zahlreiche Weltrekorde.

Oberhalb der Sportanlage sehe ich einen Aussichtspavillon. Der Aufstieg strengt mich an. Drei Stunden Schlaf waren zu wenig, um sich fitt zu fühlen. Ich halte durch und werde nach etwa zwanzig Minuten von einer grandiosen Aussicht belohnt: Zu meinen Füßen das Stadion, dahinter an den sanften Berghängen gelb bis goldbraun und rot gefärbte Obstbäume im Herbstkleid.

Im Jahr 2011 sollen in Medeo die Asian Winter Games ausgetragen werden. Mit dem Wunsch auf einen friedlichen Verlauf dieser Spiele bringe ich an einem Zweig eines Busches für jedermann deutlich sichtbar ein so genanntes Friedensteil eines weltweiten Kunstprojektes an – World Wide Art for human rights and peace. Die beiden Künstler Peter v. Krusenstern und Irina Balandina zerschnitten ein Gemälde mit einer Friedensbotschaft in zweihundert Teile, von denen in jedem Land der Erde eines der Puzzles symbolisch abgelegt werden soll. Mir bereitet es Freude, dabei mitzumachen, s. S. 136.

Von Medeo führen Wanderwege über Täler, Schluchten und Pässe hinauf zu Gletschern und hohen Gipfeln. Ronny Schaus, ein zurzeit in Kasachstan lebender Deutscher, besteigt in seiner Freizeit die Bergwelt des Trans-Ili-Alatau, das „bunte Gebirge hinter dem Ili“, wie die kasachische Bezeichnung übersetzt werden kann.

Rein zufällig entdeckte ich im Internet einige Monate vor der Abreise die in Almaty erscheinende Deutsche Allgemeine Zeitung – Die Deutsch-Russische Wochenzeitung in Zentralasien. Wöchentlich lese ich sie mit großem Interesse und verfolge die anschaulichen Berichte des Ronny Schaus, die dem Leser die Bergwelt rund um Almaty erschließen: Wanderung auf den Großen Almatiner Pik, zu den Gletschern, zu den Wasserfällen, zum Großen Talgar-Pass, zum Mondscheinfeld, im Tal der Bären, auf den Pik Panorama und schließlich auf den Pik Furmanow.

Der letzte Bericht hatte es mir besonders angetan. „Die Tour beginnt am Eisstadion Medeo und führt zunächst in nordöstlicher Richtung in das Kim-Asar-Tal", schrieb Ronny Schaus. „Entlang der Wanderroute kann man halbwilde Pferde weiden sehen." Ich war begeistert, dies zu lesen – halbwilde Pferde in einem nahen Hochtal in freier Natur.

Noch vor hundert Jahren wurden in Medeo Pferde in großem Stil gezüchtet. Das Tal und den Ort benannte man nach dem Großgrundbesitzer, der Medeo hieß. Mehrere tausend Tiere sollen es gewesen sein, die er hier auf die Weide schickte. Die Pferde waren von jeher der große Reichtum der kasachischen Nomaden, mit denen er und seine Vorfahren regen Handel trieben Noch heute besitzen die in den ausgedehnten Steppen des Landes siedelnden Halb-Nomaden etwa zwei Millionen Pferde, erwähnte Mustafa vorhin beiläufig, und geflügelte Pferde zieren das Wappen Kasachstans.

Die Zeit ist zu knapp, um zu einer Tour aufzubrechen und selbst bis zu den versprengten Herden vorzudringen. So bat ich Ronny Schaus, mir ein paar Bilder zu schicken, was er freundlicherweise tat:

Halbwilde Pferde im Kim-Asar-Tal

In unserer heimischen Welt kann man Wildpferde leider nur noch im Zoo oder in Reservaten antreffen, die über großes Gelände verfügen und den Tieren ihren freien Lebenslauf lassen – wie im Merfelder Bruch in Westfalen. Anders war dies noch im 19. Jahrhundert. Als der russische Offizier Nikolai Michailowitsch Prschewalski im Auftrag des Zaren eine Forschungsreise in die Mongolei und in das Altai-Gebirge unternahm, stieß er auf die wohl letzten freien Wildpferde. Sie tragen noch heute seinen Namen – Prschewalski-Pferde. Ihr rötlich gefärbtes Fell und die kurze, schwarze Stehmähne unterscheiden sie von ihren Artgenossen.

Die kasachischen Nomaden und ihre Pferde bildeten über die Jahrhunderte stets eine Einheit. Ihre Liebe zu diesen Tieren blieb bis heute so groß, dass sie in das Staatswappen aufgenommen wurden.

Wappen mit geflügelten Pferden

Auf meine Frage an Ronny Schaus, was er in Kasachstan beruflich treibt, erhielt ich folgende Antwort: „Nach Almaty hat mich mein Studium geführt. Ich studiere an der Universität Leipzig Politikwissenschaften und Internationale Beziehungen. Mein Spezialbereich ist Osteuropa/Zentralasien. Während des Studiums müssen wir ein achtmonatiges Pflichtpraktikum in unserer Spezialregion absolvieren. Ich habe mich für Almaty, Kasachstan entschieden. Die ersten vier Monate habe ich ein Praktikum bei der DKAU im Deutschen Haus absolviert, und dabei die DAZ kennen gelernt und angefangen für diese zu arbeiten. Seit September absolviere ich ein Praktikum im UNESCO Cluster Office Almaty und werde Kasachstan im Dezember leider wieder verlassen, um dann in Deutschland mein Diplom zu schreiben, höchstwahrscheinlich über Zentralasien und sein Wasserproblem." Dazu wünsche ich ihm viel Erfolg.

Mustafa lädt zum Mittagessen ein. Ganz in der Nähe stellte eine Familie Jurten auf, in denen wir bewirtet werden. Ein kasachisches Essen wird serviert – schmackhaft angerichtetes kaltes Gemüse mit Salaten zu kalten Fleischscheiben und anschließend heiße Teigtaschen mit gekochtem Rindfleisch und Hammel-Kebab. Fleisch dominiert. Dazu wird Fladenbrot gereicht. Bei der Frage, wer Bier möchte, fliegen die Hände hoch. Kurz darauf kommen die beiden jungen Burschen, die uns bedienen, mit gläsernen Henkelkrügen herein und servieren erstklassig gezapftes und wohltemperiertes Bier mit einem ordentlichen Schaumhäubchen. Der kühle Schluck hebt die Stimmung. „Gut dass die Russen hier waren", murmelt einer vor sich hin. „So haben die Kasachen von ihnen immerhin das Bierbrauen gelernt."

Ob wir alle zufrieden sind, will Mustafa wissen. Natürlich. Und auf die Frage nach dem Geheimnis der kalten Fleischscheiben, gibt er kurz und bündig zur Antwort: „Das war Kasy, Pferdewurst."

Die einen nicken zustimmend und zufrieden, die anderen gehen tief durchatmend kurz in sich und verlieren die Fröhlichkeit in den Augen und wieder andere verlangen lauthals nach Wodka. Aber der wird ohnehin vor, zum und nach dem Essen gereicht – noch eine „Errungenschaft" als Überbleibsel der russischen Kolonialzeit.

*

Kasy – Kasachische Pferdewurst
1 kg   Pferdefleisch
500 g Pferdefett
1 m   Rinderkranzdarm gewaschen
25 g Indischer Kümmel, 3 TL gemahlener schwarzer Pfeffer, 25 g Salz
Das Fleisch in 2 bis 3 cm dicke und 8 bis 10 cm lange Streifen schneiden, mit Salz und Gewürzen bestreuen, alles gut einreiben und abgedeckt 2 Tage an einem kalten Ort stehen lassen.
Den gewaschenen Darm wechselnd mit kaltem und warmem Wasser weichen und in 50 cm lange Stücke schneiden. Den Darm an einem Ende zubinden und vom anderen Ende her Fleisch und Fett einfüllen und dann ebenfalls zubinden.
Die Würste für 1 Woche in den Wind hängen und anschließend 2 Monate in einem dunklen und kühlen Raum zum Trocknen aufhängen.
Danach die Würste in einem Kessel im Wasser auf kleiner Flamme kochen, den sich bildenden Schaum entfernen, die Würste an mehreren Stellen einstechen und insgesamt 2 Stunden gar kochen.
Anschließend die Würste 24 Stunden bei etwa 50 Grad räuchern.
Gut auskühlen lassen und aufschneiden – Guten Appetit!

Die Wolkendecke lockerte inzwischen auf. Die Sonne gibt sich Mühe, ein paar wärmende Strahlen durchzuschicken. Geduldig warte ich darauf, die schneebedeckten Gipfel des Alatau erspähen zu können. Mehr und mehr öffnet sich der Himmel und für einige Augenblicke werde ich belohnt. Schneeleoparden sollen in den höheren Lagen noch leben und Steinböcke oder Murmeltiere jagen.

„Wilde Apfelbäume leuchten im September gelb-rot-orange wie Feuer." Begeistert beschrieb Ronny Schaus drei Wochen vor unserer Abreise seine Eindrücke. Die Färbung der Blätter dunkelte inzwischen nach. Einige Apfelbäume haben bereits ihr Kleid verloren. Zahlreich stehen sie am Hang hinter den Jurten. Ich steige zwischen ihnen ein Stück hinauf und lasse mich auf einem vom Wind gefällten und schon halb verwitterten Stamm nieder. Einsam hängt ein einziger Apfel an einem fast kahlen Ast vor mir. Knallrot lädt er von der Sonne beschienen ein, gepflückt zu werden. Doch eine Eva ist nicht in Sicht.

Eva war es, die vom Baum der Erkenntnis aß. Anschaulich wird das Geschehen in der Genesis beschrieben (2,9-3,6): „Gott ließ aus dem Ackerboden allerlei Bäume wachsen, verlockend anzusehen, mit köstlichen Früchten und in der Mitte des Gartens den Baum der Erkenntnis von Gut und Böse. Die Schlange verführte die Frau ... und sie sah, dass es köstlich wäre, von dem Baum zu essen, dass der Baum eine Augenweide war und dazu verlockte, klug zu werden. Sie nahm von seinen Früchten und aß ..." und löste damit die Vertreibung des Menschen aus dem Paradies aus.

Von einem Apfelbaum war in der Bibel nicht die Rede. Die Künstler des Mittelalters ließen ihrer Phantasie freien Lauf. Lucas Cranach malte das berühmte Bild mit dem Sündenfall, auf dem Eva den gepflückten und von ihr angebissenen Apfel Adam reicht.

Auch in der Mythologie der Griechen lockten Apfelbäume mit verführerischen Früchten. Die Hesperiden hüteten in einem wunderschönen Garten einen Baum mit goldenen Äpfeln. Diese verliehen den Göttern ewige Jugend. Das weckte Begehrlichkeit. Die Hersperiden, auch Nymphen genannt, waren hell singende Himmelstöchter. Sie wurden von Ladon bei der Wache unterstützt. Doch diese Furcht einflößende, mehrköpfige Drachen-Schlange konnte den antiken Übermenschen Herakles nicht davon abhalten, einen goldenen Apfel zu entwenden, um ihn Athene zu überbringen.

Heute beschreiben wir die geheimnisvolle Kraft des Apfels viel profaner: An apple each day keeps the doctor away!

Ich muss schmunzeln bei all diesen Gedanken und breche auf, um mit den anderen wieder hinunter nach Almaty zu fahren.

Kurz vor dem Bahnhof überqueren wir noch einmal die Tash-kentskaya. „Die Seidenstraße schlägt heute im Zeichen des Tourismus goldene Brücken zwischen den Völkern und Kulturen." Wie Recht Mustafa mit dieser Bemerkung hat! Hätte es die alten Karawanenwege nicht gegeben und würden Reiseberichte nicht den Mythos der Seidenstraße wieder aufleben lassen, auch wir wären nicht auf den Gedanken gekommen, die für uns sehr fernen und äußerst fremden Länder Kasachstan, Usbekistan und Turkmenistan zu besuchen.. Hier, auf der Tashkentskaya, oder auf staubigen Pfaden in der Nähe, zogen vor tausend und zweitausend Jahren Menschen von Ost nach West, aber auch von West nach Ost.

In den Auen des Ili, wie der an Almaty vorbei strömende Fluss heißt, siedelten bereits im 7. Jh. vor der Zeitenwende Saken – ein indogermanisch-iranisches Steppenvolk, das den Skythen zugerechnet wird, deren Urheimat nördlich des Schwarzen Meeres lag.

In Gedanken folge ich dem Hochgebirgstal nach Osten. Etwa 300 km entfernt führt die Straße über den Korgoss-Pass nach Yining im uigurisch-chinesischen Gebiet Xinjiang und von dort weiter über U-rumchi nach Turfan. Niemand kann sagen, wie viele Karawanen im Verlauf der Zeit diesen nördlichsten Zweig der Seidenstraße genommen hatten. Fest steht, dass auch auf dieser sehr beschwerlichen Strecke die unterschiedlichsten Völker und Kulturen aufeinander trafen.

Im Tal des Ili, nicht weit von der Grenze entfernt, auf chinesischem Boden, fanden Archäologen bei Grabungen die kunstvoll gearbeitete Goldmaske eines Mannes. Sie stammt vermutlich aus dem 5. oder 6. Jh., der Zeit der ersten Hochblüte der Seidenstraße. In die Maske sind wertvolle Blättchen aus rotem Almadin-Granat eingearbeitet. Das Antlitz zeigt asiatisch-türkische Züge. Die kunstfertige Technik lässt jedoch darauf schließen, dass der Goldschmied aus einer weit westlicheren Gegend stammte.

Niemand verfasste zu jener Zeit Berichte über die Reisenden auf der Seidenstraße, über ihre Herkunft, über die Waren, die sie mitführten und über deren Bestimmung. Die Funde der Grabungen förderten jedoch eine Vielzahl wertvoller Artefakte zu Tage – Masken aus Gold, Holz und anderen Materialien, Schmuckstücke aus Gold, farbenprächtige Mäntel und Jacken aus Seide, Fellmäntel, Lederschuhe, Filzhüte, fein gemusterte Teppiche und bunt bestickte Kissen. Und diese Funde geben noch heute Zeugnis von der hohen Kultur und vom Reichtum einzelner Zeitgenossen.

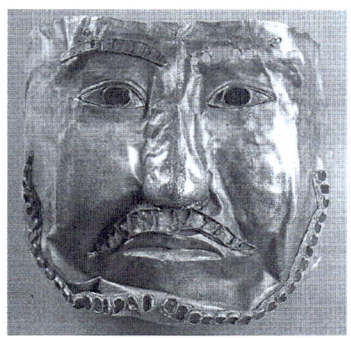

Goldmaske
Aus einer Grabung in Xinjiang

Auf Gleis 1 des Bahnhofs von Almaty steht der Sonderzug „Registan", der die kommenden elf Tage unser fahrendes Zuhause sein wird. 3.609 km werden wir mit ihm zurücklegen; weitere 314 km überland mit dem Bus.

Die Reise führt uns in Kasachstan auf der nördlichsten Route der Seidenstraße von Almaty nach Turkestan und von dort nach Taschkent, der Hauptstadt von Usbekistan. Weiter geht es, zunächst an Samarkand vorbei, nach Buchara, dann hinauf bis in die Nähe des Aralsees nach Chiwa und von dort wieder zurück nach Samarkand, von wo aus wir auch Afrasiab und ganz im Süden Schahrisabs aufsuchen werden. Die letzte Teilstrecke bringt uns schließlich auf der Hauptroute der Seidenstraße weiter westlich nach Turkmenistan zu der alten Oasenstadt Merw und schließlich nach Nisa und Aschgabat, der Hauptstadt dieses Landes.

Das Abteil VIII im Wagon 5 wurde für uns reserviert. Raissa, die Stewardess, und ihr männlicher Kollege begrüßen uns am Bahnsteig. Sie sind gemeinsam mit der Reiseleiterin Nargiza ausschließlich für die Gäste unseres Wagens zuständig. Fünf Wagen mit je zwei Schaffnern, fünf Reiseleiter, zwei Speisewagen, ein Bordarzt und eine Chef-reiseleiterin – das lässt guten Service erwarten.

Die Koffer waren bereits ins Abteil gebracht worden. Ein Korb mit Früchten und Mineralwasser steht als kleine Geste zur Begrüßung bereit; daneben warten verführerische Schokoladentäfelchen darauf, vernascht und zwei putzige, kleine Holzfiguren von uns liebevoll betrachtet zu werden.

Spontan greife ich zuerst zur Zeitung, die auf einem der Sitze liegt. „Was für eine Überraschung", rufe ich aus, „die Deutsche Allgemeine Zeitung!"

Vergeblich erkundigte ich mich in der Halle des Hotels Otrar heute Morgen danach. Im Hotel Kasachstan, in das ich vom Park beim Palast des Volkes kurz eilte, war sie schon vergriffen. Jetzt halte ich die neueste Ausgabe vom 10. Oktober 2008 in Händen. Ein Bericht über das Erdbeben in Kirgisistan füllt die Titelseite. Der Monat Ramadan, der Besuch der US-Außenministerin Condoleezza Rice, Bildungsprobleme und die weltweite Finanzkrise sind weitere Themen, die behandelt werden. Und – wie könnte es auch anders sein – Ronny Schaus berichtet wieder; dieses Mal über eine Zwei-Tages-Tour zum großen Talgar-Pass.

Wir richten uns ein, genießen eine erste Tasse Tee, die Reissa auf das kleine Tischchen am Fenster stellt, unternehmen einen Informationsgang, erforschen die Nassräume und suchen den Speisewagen auf. Zusammen mit einem etwa gleichaltrigen Ehepaar, das zufälligerweise auch im Taunus sein Zuhause hat, kaum zwanzig Kilometer von dem unsrigen entfernt, belegen wir einen Vierertisch. Die beiden sind ebenso redselig wie wir. Das lässt für die nächsten Tage unterhaltsame Tischgespräche erwarten.

Alexander, der Chef des Speisewagens und seine Mannschaft machen dem Namen des fahrbaren Restaurants alle Ehre – Zarengold. Der Sonderzug war aus russischen und kasachischen Wagen zusammengestellt worden, die in diesen Ländern zur Luxusklasse zählen. Alle Kräfte sind mit Freude bei der Arbeit. Offenbar lieben sie ihren Beruf und die Freiheit, die sie auf einer fast vierwöchigen Tour genießen können. Die Mannschaft begleitet uns von Almaty bis nach Aschgabat und die nächste Gruppe im Wechsel zurück an den Ausgangspunkt.

Das Menü des ersten Abends schmeckt köstlich – eine Mischung aus fleischlastiger russischer und zentralasiatischer Küche. Dem pikanten Salat aus Kartoffeln, Gurken, Bohnen und Eiern und einer anschließenden kräftigen Fleischbrühe folgt ein Plow auf usbekische Art. Das Lieblingsgericht Zentralasiens wird aus Hammelfleisch, Knoblauch, Zwiebeln, Kräutern, Gewürzen, Rosinen und Möhren zubereitet und mit Reis serviert. Fladenbrot, Schwarzbrot, und Mineralwasser stehen bereit. Alexander schenkt das Fassbier wie gewünscht mit viel Schaum ein. Die anschließende Wodkaprobe verlangt von jedem, der mitmacht, Standfestigkeit. Dem Klaren zum Auftakt folgen Sorten mit dem Geschmack von Anis, Kümmel, Kräutern und Früchten. Bei den Farbigen nippe ich nur, um das Aroma zu kosten, und beschließe mit einem doppelten klaren Wodka den Abend.

Vor dem Einschlafen muss ich nochmals an die vom Herbstkleid bunt gefärbten Seitentäler denken, die von Medeo hinauf zu den Pässen des Alatau führen. Wie kleine Paradiese präsentieren sie sich, in denen seit Urzeiten Apfelbäume Früchte tragen und Pferde Nahrung auf den Weiden suchen. Das laute Geräusch des fahrenden Zuges gleicht der furiosen Eröffnung in Joseph Haydns Oratorium mit der Schilderung des Chaos, das vor der Schöpfung herrschte. Dann folgen jubilierende Klänge, mit denen er die Texte Gottfried van Swietens vertonte, die vom Chor lauthals hinaus gerufen werden: „Es bringe die Erde lebende Geschöpfe und Tiere hervor … Mit fliegender Mähne springt und wiehert voll Mut und Kraft das edle Ross …" Mit Bewunderung verfolgten wir vor ein paar Tagen den kraftvoll singenden Chor, als die Domkantorei Altenberg in Begleitung des Rheinischen Kammerorchesters die Schöpfung von Haydn aufführte.

Fand die Schöpfung nur an einem Ort statt? Oder gar an mehreren? Warum nicht auch hier in den Bergen und Tälern des Alatau, des Tienschan und des Pamir? Gut dass dies ein Geheimnis bleiben wird.

Trotz der Bettschwere nach einer vorangegangenen fast ruhelosen Nacht und einem vollen Tagesprogramm mit abschließendem Wodkagenuss fällt es mir schwer in den Schlaf zu fallen. Das Rattatata-rattatata und Klack-klack der stählernen Radreifen verfolgt mich

Stunde um Stunde. Womöglich gewöhne ich mich nach ein paar Tagen daran. Doch heute will dies noch nicht gelingen.

Der Wetterumsturz brachte in Almaty gegen Mittag Feuchte und Kälte, die sich bis in die Schlafwagen hineinzog. Alle frösteln. Die Schaffner stellen auf vielfachen Wunsch die Heizung an. Angenehm empfinden alle daraufhin die wohlige Wärme, die sich von Wagen zu Wagen bis ins letzte Abteil ausbreitet.

Nach einer Stunde sind die Abteile überheizt. Bestimmt gibt es einen Thermostaten. Doch die Hoffnung darauf, dieser würde auch funktionieren, wird bald zerstört. Schweißgebadet liege im Bett, drehe mich mehrfach von rechts nach links und auf den Rücken, um schließlich entnervt von vorne mit dem Drehen und Wenden und Lüften der Decke zu beginnen.

*

Plow – Das usbekische Nationalgericht

500 g   Fetter Hammel
500 g   Karotten
250 g   Reis

4 Zwiebeln, 4 Knoblauchzehen, 1 Lorbeerblatt, Salz und Pfeffer, Paprika, Thymian und Koriander, 2 TL Rosinen, Fett zum Anbraten

Fleisch in 2-3 cm große Würfel schneiden und in einem Topf mit heißem Fett anbraten. Mit Salz und Pfeffer kräftig würzen. Zwiebel und Knoblauch grob würfeln und kurz mit andünsten. Lorbeerblatt und die anderen Gewürze hinzugeben und mit Wasser löschen.

Karotten in grobe lange Stifte schneiden und auf das Fleisch schichten. Darauf den Reis und die Rosinen geben. Nicht umrühren! Kräftig würzen und mit Wasser auffüllen bis 2 cm über den Reis. Abdecken und etwa 30 bis 40 Minuten köcheln lassen, bis das Wasser vom Reis aufgesogen ist. Die Portionen mit einem Heber auf die Teller geben – Guten Appetit!

Variationen: mit Lamm- oder Rindfleisch, Kartoffeln statt Reis und weiteren Gemüsesorten.

*

Auf mystischen und esoterischen Spuren – Turkistan

Leicht entnervt erhebe ich mich, öffne so leise wie möglich die Tür des Abteils und begebe mich hinaus in den Gang des Zuges.

Schemenhaft huscht die Landschaft an den Fenstern vorbei. Ich blicke nach oben. Die Wolkendecke ist verflogen. Der Mond hellt alles in ein silbriges Licht. Eine lange Strecke von mehr als neunhundert Kilometern und siebzehn Stunden Fahrt stehen uns in dieser Nacht bevor. Der Zug hat das flache Gelände verlassen, um nach einer steilen Südkurve zu den Hängen des Gebirges zurückzukehren. In einer nachtfinsteren Stadt hält er an, um einen Gegenzug vorbeizulassen. Taras kann ich lesen. Nur wenige Minuten hinter der alten Handelsstadt steigt die Strecke an und schlängelt sich durch die tiefen Schluchten des westlichen Alatau. Die Schienen führen über kargen Boden. Wir überqueren ein Flusstal und folgen dem Lauf mal tief unten, mal hoch oben, eine schroffe Felswand auf der einen und ein steiler Abgrund auf der anderen Seite. Wir überfahren ein weiteres, steiniges und völlig ausgetrocknetes Flussbett und passieren tief eingeschnittene und finstere Schluchten. Wie gebannt schaue ich in dieser Nacht hinaus auf die vom Mond beschienene Gegend. Sie wird allmählich grün, wie ich beobachten kann. Ein kleiner Fluss führt Wasser. Die Berge weichen zurück. Zwei kleine Herden kann ich erspähen – winzige Punkte, die eng zusammenstehen. Es mögen Kühe und Ziegen sein. Ein Gehöft taucht auf, dicht am Schienenstrang, und noch eins. Beide aus Lehm gebaut, weiß angestrichen und mit hohen Mauern umgeben. Dann geht es über weite Strecken .durch menschenleeres Gebiet.

Ich hatte mich wieder hingelegt und konnte erstmals geraume Zeit schlafen. Ein weiterer Halt rüttelt mich wach. Das muss die alte Handelsstadt Schimkent sein. Ich bleibe liegen, da die Bahnhofsszene genauso trostlos sein dürfte, wie sie schon in Taras war.

„Guten Morgen, liebe Gäste." Die Chefreiseleiterin Olga Simon weckt einige Zeit später mit zarter Stimme. „Sicher haben Sie in Ihrem Leben schon einmal einen Sonnenaufgang gesehen, bestimmt aber noch nicht über der kasachischen Steppe. Genießen Sie dieses Schauspiel und freuen Sie sich auf einen erlebnisreichen Tag."

Unausgeschlafen aber neugierig steige ich in meine Hosen, streife einen Pulli über und schleiche mit meiner Lumix in der Hand hinaus auf den Gang. Die nordwestlichen Ausläufer des Tienschan und Alatau gehen in den lang gezogenen Rücken des Karatau über. Schemenhaft zeichnet dieser Gebirgszug einen dunklen Strich am Horizont. Davor und dazwischen breitet sich eine endlose und trostlose Steppe aus – zu dieser Jahreszeit noch trockener, als der Begriff Steppe ohnehin vermuten lässt. Ab und zu tauchen kleinere Herden auf: Pferde, Schafe, Kühe in erster Linie. Einmal kann ich Kamele erkennen, einhöckrige, also Dromedare, um genau zu sein. Sie leben von der spärlichen Vegetation vereinzelter Sträucher und braun gewordener, verdörrter Grasbüschel. Einsamkeit empfinde ich beim Anblick der Landschaft im Vorbeifahren. Wie müssen sich erst die Menschen fühlen, die hier geboren wurden und in einfachen Lehmhütten und kleinsten Siedlungen ihr Leben verbringen; sesshaft gewordene Nomaden, denen Land zugewiesen wurde. Sie liebten einst die Weite ihrer Heimat, die grünen Auen und auch die Steppen, die im Frühling spärlich blühen. „Die kasachischen Nomaden fürchten sich vor dem Wald", erklärte Mustafa in Almaty. „Er ist ihnen unheimlich und von bösen Geistern durchdrungen. Einen einzelnen Baum an einer feuchten Niederung inmitten der Steppe verehren sie dagegen wie ein Heiligtum."

Offenbar wohnte den Menschen hier zu allen Zeiten eine besonders große Sehnsucht nach Magie und Spiritualität inne. Die Schamanen übten ihre Macht über diese einsamen Bewohner der Steppe aus. Sie warfen Knochen und Steine und verkündeten je nach deren Lage ihre rätselhaften Weissagungen. Der Nährboden scheint auch für die Lehren der persischen Religionsstifter Zarathustra und Mani fruchtbar gewesen zu sein. Dem Reich des Feuers und den guten Mächten des Lichts stehen die Dämonen als Herrscher der Finsternis und der Teufel selbst gegenüber, heißt es bei ihnen. Diese Gefahr sollte durch das Streben nach tugendvoller Reinheit und Askese überwunden werden.

Als die Araber die Bevölkerung Zentralasien mit Gewalt zum Islam bekehrten, waren dem gläubigen Ahmed Yasawi die fünf Regeln des Korans zu wenig. Er forderte nicht nur Enthaltsamkeit, sondern die

Selbstkasteiung, das Auslöschen der sinnlichen Wahrnehmung und die Hinwendung in reiner Liebe zu Gott. Yasawi lebte diese Haltung vor, indem er sich als Einsiedler zurückzog und das Einssein mit Gott als mystische Erfahrung suchte. Man nannte ihn einen Sufi und die von ihm praktizierte Lehre Sufismus, die dem Eingeweihten die esoterische, die geheime Wahrheit des Islams offenbart.

Die Mongolen zerstörten die kleine Stadt Yas, wie Turkestan früher hieß und in der Yasawi lebte und meditierte. Amir Timur ließ dem als Heiligen verehrten zweihundert Jahre später am Ort seiner Einsiedelei eine Grabmoschee errichten. Sie ist das Ziel des heutigen Tages.

Wir fahren mit dem Bus vom Bahnhof hinaus auf das flache Land. Einsam erhebt sich dort eine riesige Gebäudegruppe, die über einen Fußweg zu erreichen ist.

Eine in Turkestan geborene Kasachin begleitet uns auf dem Weg dorthin. Sie heißt Ulmeken. Ihre präzisen Schilderungen öffnen dem Zuhörer die Augen für die Schönheiten der Details. Die Handschrift der persischen Baumeister und Künstler ist unverkennbar. Die Kuppel des Grabraums zieren gemusterte Rippen. Dahinter erhebt sich die weithin leuchtende türkisblaue Hauptkuppel des Versammlungsraumes. Mannshohe kufische Bänder dekorieren die wuchtigen Außenwände. Und alles überragt ein monumentaler Iwan, der wie bei einer Festung von wehrhaften Türmen flankiert wird.

Ulmeken umrundet mit ihren Gästen den Komplex, erklärt die wichtigsten Räume und die Bedeutung des abseits errichteten Badehauses und der beiden weiteren Grabmoscheen.

Auf dem Rückweg zum Bus kommt sie auf sich und ihr Volk zu sprechen. „Ich bin Kasachin. Das erkennen Sie an meinen Schlitzaugen und meiner Stupsnase." Diese Erklärung hörten wir bereits von Mustafa. Trotzdem nicken wir ihr freundlich zu. „Die kasachischen Familien sind kinderreich", fährt sie verschmitzt lächelnd fort. „Man sagt, wer ein Kind hat, hat kein Kind. Wer zwei Kinder hat, der hat ein halbes Kind. Erst wer drei Kinder hat, der hat eine kleine Familie." Dann erzählt sie noch vom Brauchtum einer Hochzeit, von der oft von den Eltern arrangierten „Brautwerbung", der Verlobung, der Auswahl des Brautkleids und der eigentlichen, oft tagelangen Feier. Sie ist sehr mitteilsam – ganz zu unserer Freude.

Eine kasachische Hochzeit

Der deutsche Völkerkundler Philipp Jäger lebt derzeit in Talgar in der Nähe von Almaty. Ein Mitglied seiner Gastfamilie heiratete während seines Aufenthalts und er nahm am Hochzeitsritual teil. Die Deutsche Allgemeine Zeitung veröffentlichte seinen dreiteiligen Bericht über die hautnah miterlebten nationalen Sitten und Gebräuche in ihren Ausgaben vom 07/12/07, 15/02/08 und 29/02/08:

„Die Ankunft der Braut

Heute heiratet Jergali, ein Bruder meiner jungen Gastmutter. Mit der Ankunft der Braut beginnt der erste Teil des 20-tägigen Hochzeitsrituals. Ein Fest in der Familie des Bräutigams wird zelebriert.

Am Bauernhof der Mutter des Bräutigams angekommen, sind die Vorbereitungen noch im vollen Gange. Die Männer sind dabei, die Möbel zu rücken, die Frauen arbeiten in der Küche und bereiten die Speisen zu. Die Tafel wurde schon tagsüber bereitgestellt und mit Süßigkeiten gedeckt. Auch Obstschalen und Salate aus Kraut, Karotten, Erbsen, Kartoffeln und Fleisch sind schon aufgetischt.

Nachdem alles im Haus gerichtet ist, beginnen die Männer außen in der offenen Garage eine Musikanlage aufzubauen. Bei einem Fest in Kasachstan darf das Tanzen nicht zu kurz kommen. Selbstgebrannte CDs mit kasachischer Musik und ein Mikrofon, um Ansagen und Segenssprüche zu verlautbaren, werden geholt. Dies weckt natürlich das Interesse der zahlreichen Kinder, die herbeilaufen, um DJ zu spielen und zu tanzen.

Als Ethnologiestudent fühle ich mich voll in meinem Element. Ich bin sehr aufgeregt und freue mich riesig, eine kasachische Hochzeit miterleben zu dürfen.

Ich gehe in die Küche, in der die Frauen eifrig kochen. Die Schwestern und Schwägerinnen des Bräutigams bereiten Manty, im Dampf gegarte Maultaschen.

Mit den Frauen komme ich leicht ins Gespräch… Für den 29-jährigen Jergali wurde es nach Meinung seiner Familie höchste Zeit. Sein jüngerer Bruder heiratete schon vor drei Jahren, nachdem er von Jergali die Erlaubnis bekam, der als älterer Bruder nach der kasachischen Tradition sein Einverständnis erklären muss. Somit fällt Jergali das eigentlich dem jüngsten Sohn zustehende Privileg zu, den Haushalt der Eltern weiterzuführen, wie es bereits bei den Steppennomaden üblich war. Er wird zukünftig zusammen mit seiner Frau Dschasira auf dem Hof der Mutter wohnen.

Ich schaue wieder nach den Männern, die sich in der Garage zum Warmtrinken eingefunden haben. Auch ein paar der engeren Freunde Jergalis sind vorbeigekommen. Bai einem Gläschen ‚Arak', wie hier der Wodka genannt wird, erfahre ich, dass das heutige Fest, ‚betashar' genannt, nur den Beginn der Hochzeit darstellt und das eigentliche Hochzeitsfest erst nach zwanzig Tagen stattfinden wird. Wie es in Südkasachstan Brauch ist, kommen Braut und Bräutigam erst um Mitternacht.
Ein Wagen fährt vor, aus dem der sichtlich angeheiterte Schwager Jergalis und seine Frau aussteigen. Dahinter hält der schwarze Mercedes des Bräutigams, dessen Ankunft mit Rufen und Glückwünschen gefeiert wird.
Alle stürzen sich auf die Braut, die viele der Gäste zum ersten Mal sehen. Jetzt kommt der Einsatz der Schwägerinnen des Bräutigams, die die neu in die Familie kommende Braut mit Süßigkeiten überwerfen und ihr den Schleier als Zeichen des Ehebundes umlegen. Die angespannte Braut betritt bald darauf von ihren engsten Freundinnen begleitet das Haus, während die Familienmitglieder dem noch auf dem Hof verbliebenen Bräutigam die Hand schütteln und ihn mit folgenden Worten beglückwünschen:
‚Die Dächer der Jurten sollen hoch sein,
die Schwellen sollen fest sein!'
Die Gäste, vornehmlich die männlichen, beginnen in der Garage zu kasachischer Schlager- und Popmusik zu tanzen.
Danach betreten die Gäste das Haus. Die Braut sitzt schon an einem Ende der Tafel, der Bräutigam am gegenüberliegenden. Die Schwägerinnen übernehmen, wie es hier üblich ist, das Teeeinschenken und

versorgen die Gäste. Der Alkohol wird dagegen von einem der Freunde des Bräutigams ausgeschenkt.

Es ist ein geselliges Gelage. Nachdem sich die Gäste satt gegessen haben und zahlreiche Runden Wodka gehoben wurden, erheben sich die Gäste dem Alter nach und sagen einen Segensspruch auf.

Nach und nach löst sich die Hochzeitsgesellschaft auf.

Die Hochzeitsfeier

Die Brüder Jergalis sind mit dem Schmücken des Wagens beschäftigt. Ich warte mit den Gästen ungeduldig auf dem Hof, bis das Brautpaar unter Jubelrufen der Anwesenden erscheint. Jergalis Schwestern überschütten das Brautpaar mit Süßigkeiten und schenken Sekt für die Brautleute und die Mutter Jergalis aus. Diese hält eine kurze Ansprache, dann geht es im Kovoi zum Standesamt in Talgar.

Unter der auch in Europa üblichen Hochzeitsmusik betreten Braut und Bräutigam den Trausaal, wo sie die Trauung offiziell bestätigen. Ein Unterschied ist jedoch, dass sich Braut und Bräutigam nicht küssen, aber zusammen unter Applaus der Anwesenden einen Walzer tanzen. Nach Erinnerungsfotos und einem Umtrunk ist die nächste Station die Moschee.

An einem Tisch nimmt ein Mullah Platz. Die Gäste setzen sich im Halbkreis um den Tisch, das Brautpaar steht davor. Mit dem Eintragen in ein Register beginnt die Zeremonie. Zuerst spricht Jergali, dann Dschasira Koranverse nach. Sie versichern sich gegenseitige Treue in Formeln, die einen Gottesbezug einschließen. Das Ritual findet seinen Abschluss im Trinken des Trauwassers, von dem die beiden dreimal aus einer Teeschale nippen.

Jetzt geht es auf große Tour nach Almaty zum Denkmal eines kasachischen Helden. Der dortige Mullah segnet Jergali und Dschasira. Die nächste Station ist das Kriegsdenkmal im Panfilow-Park. Fotoaufnahmen... Umtrunk... Direkt vor der Ewigen Flamme legen Jergali und Dschasira einen Blumenstrauß nieder, in Erinnerung an die Helden des Großen Vaterländischen Krieges. Foto-Shooting... Saft... Teigtaschen. Dann fahren wir zurück nach Talgar, allerdings nicht ohne noch zweimal auf dem Weg zu einer weiteren Essens- und Trinkpause angehalten zu haben.

Um achtzehn Uhr kommt der Konvoi am Restaurant an. Zuerst werden die bereits in der Aula wartenden zweihundert Gäste an ihre Plätze geführt. Als alle sitzen, betritt das Brautpaar die riesige Restauranthalle. Musik spielt auf, die Gäste klatschen und jubeln, während Jergali und Dschasira sowie ihre Trauzeugen abermals mit Süßigkeiten beworfen und an einen gesonderten Tisch geführt werden, der von einem Luftballonbogen eingerahmt wird.

Die Menge bildet einen Kreis, als die Schwägerinnen Jergalis, mit einem weißen Schleier gekleidet, hereinkommen und Dschasira in die Mitte führen. Das Betashar-Ritual, bei dem der Schleier der Braut gelüftet wird, beginnt. Ein Akyn, ein Musikant, spielt mit der Dombra, dem zweisaitigen Instrument das Betashar-Lied. Nach dem Lied spricht der Akyn Segenswünsche und lüftet der Tradition nach den Schleier mit der Spitze der Dombra.

Ein Moderator bittet zum Tanz. Dann kümmern sich die Brüder Jergalis um das Verteilen des Essens. Es gibt als Vorspeise Salate und als Hauptgericht, wie kann es anders sein, Beschparmak, das kasachische Nationalgericht mit Reis und Pferdefleisch.

Nach dem Essen beginnen die ausgedehnten Segenswünsche der Gäste, die stundenlang andauern.

Nach Mitternacht wird abermals zum Tanz gebeten.

Den Abschluss des Festes bildet das Verteilen der Geschenke an die gekommenen Gäste. Um zwei Uhr schließlich werden die letzten Fotos geschossen und die Gesellschaft aufgelöst.

Die Übergabe der Aussteuer

Es ist Sonntag, der Tag nach dem Hochzeitsfest. Dennoch ist die Hochzeit nicht vorbei. Nach der kasachischen Tradition steht noch die feierliche Übergabe der Aussteuer an. Die Verwandten der Braut werden im Haus des Bräutigams beim Öffnen des Brautschatzes erwartet.

Die Brüder Jergalis stellen Cognac, Wodka und Wein kühl. Für den engeren Kreis von Dschasiras Verwandten wird ein Empfang vorbereitet. Es darf an nichts fehlen. Am späten Nachmittag treffen die Gäste ein. Der jüngere Bruder Jergalis gießt noch auf dem Hof den Eltern Dschasiras Sekt ein. Nach dem Umtrunk wird der obligatorische Tee zubereitet.

Danach räumen die Männer das Haus und die Frauen öffnen den Brautschatz. Dieser wurde von der Familie Dschasiras zusammengetragen und an die Familie Jergalis überreicht. Seine Mutter nimmt die Sachen freudig in Empfang.

Den Inhalt des Brautschatzes bestimmt die Tradition: Bestickte Decken, neun an der Zahl, allerhand Haushaltsgegenstände, wie Bügeleisen, Handtücher und Bestecke, ein großer Teppich, ein Bügelbrett, mehrere Kissen, ein Mikrowellenherd und kleinere Gegenstände. Dschasira steht nur im Kreis. Die Mutter und die Schwestern des Bräutigams nehmen die Sachen von den Verwandten der Braut in Empfang. Eine Heirat stellt in Kasachstan nach den kulturellen Bräuchen eben eine Allianz zwischen Haushalten dar, die sich über den Gabenaustausch symbolisiert.

Ich helfe, die Sachen im Schlafzimmer zu deponieren. Dort hat Jergalis Mutter eine Decke auf dem Boden ausgebreitet und holt eine Tasche hervor. Diese ist zweigeteilt. Im einen Flügel befindet sich kasachisches Brot, im anderen Fleisch. Die Frauen setzen sich im Kreis auf die Decke. Zunächst spricht Jergalis Mutter, dann eine Vertreterin der Verwandten Dschasiras ein Gebet. Sind die letzten Worte gesprochen, teilt die Mutter das Fleisch.

Nach dem Essen werden die Gastgeschenke verteilt. Diesmal sind es neben Kleidung auch Schmuck. Nach dem Verteilen löst sich die Gruppe langsam auf. Dschasiras bedankt sich herzlich. Es ist ihr anzusehen, dass das Fest heftig an ihren Kräften gezehrt hat. Auf dem Hof verabschieden sich die beiden Parteien voneinander, wobei schon die nächsten Einladungen ausgesprochen werden. Als das Hoftor geschlossen wird, atmen Jergali und Dschasira sichtlich auf. Das lange Hochzeitsritual ist abgeschlossen."

Das war der nur leicht gekürzte Bericht Philipp Jägers über das Brauchtum einer echt kasachischen Hochzeit.

Hauptstadt der Usbeken – Taschkent

Am frühen Nachmittag verlassen wir Turkestan. Die Entfernung nach Taschkent beträgt 290 km. Dafür brauchen wir sechseinhalb Stunden, nicht weil der Zug so langsam fährt, sondern wegen der sich mehr als zwei Stunden hinziehenden Grenzkontrolle. Die erste Teilstrecke fuhren wir entgegengesetzt schon einmal in den frühen Morgenstunden. Wir kamen von Schimkent. Jetzt fahren wir zurück, lassen die alte Stadt jedoch links liegen. Obwohl der Syrdaria rechter Hand in greifbarer Nähe fließt, zeigt die Landschaft nur einen spärlichen Bewuchs. Die Wüste Kisilkum streckt ihre Fühler über den Fluss bis an das Karatau-Gebirge aus. Vereinzelt ziehen Ansiedlungen vorbei, ein oder zwei kleine Höfe, ab und an auch ein Dorf. Die Weite, die Leere birgt keine überraschenden Schönheiten.

Alexander und seine Mannschaft verwöhnen uns am frühen Nachmittag im Speisewagen. Eine Kaviarverkostung steht auf dem Programm. Roter und Schwarzer Kaviar werden gereicht; dazu ein Gläschen Sekt.

Nur wenige Kilometer vor Taschkent passieren wir die Grenze, verlassen Kasachstan und reisen in Usbekistan ein.

Wir übernachten im Taschkent Palace Hotel, einem erstklassigen Haus in sehr zentraler Lage, das wir spät am Abend erreichen.

In der großen Halle warten eine schöne Bar und das Servicepersonal auf Gäste. Wir verspüren Durst und nehmen gemeinsam mit unseren Tischnachbarn vom Speisewagen für einen Schlummertrunk Platz. Das Fassbier war ausgegangen. Wir bestellen Flaschenbier, dazu einen Whisky, plaudern angeregt über alles Mögliche, bestellen noch eine Runde und erbitten die Rechnung. Auf meinen Hinweis, man möge mir den Betrag auf das Zimmer buchen, bekomme ich ein „No, only cash" zur Antwort. Ich hole eine meiner Kreditkarten und ein paar Dollarnoten hervor, was mit „No cards, no Dollars" quittiert wird. Das Zeitalter der Kreditkarten hat noch nicht überall Einzug gehalten und dem schwach gewordenen Doller stehen sie in diesem Land anscheinend skeptisch gegenüber. Kein Problem, denke ich mir und lege Euros auf den Tisch. „Please change" sagt sie jetzt und zeigt mit der Hand quer über die Halle. Ich stehe auf und folge diesem Hinweis. In der Tat, am anderen Ende befindet sich ein kleiner Schalter mit der Überschrift Xosa, Kasse, die noch geöffnet ist; immerhin zehn Minuten vor Mitternacht. Ich schiebe nach einem kurzen Gruß 50 € durch den Schlitz in der Panzerglasplatte. „All?" fragt Frau Sakharova. Ihr Name steht auf einem Schild auf ihrem Arbeitsplatz. „All" sage ich. Sie dreht sich um und gibt eine Anweisung an Frau Rakhmaeva. Auch sie hat ein Schild vor sich. Diese öffnet das Sicherheitsschloss des Tresors und entnimmt ihm mehrere Bündel Geldscheine, die sie in eine Zählmaschine steckt. Frau Sakharova bedient den Automaten, der zum Rattern beginnt, füllt ein Formular aus, das sie und ihre Kollegin unterschreiben und mir mit einem unglaublichen Bündel an Geldscheinen gereicht wird – zehn bis zwölf Zentimeter dick mag der Packen mit 90.250 Sum sein, wie die usbekische Währung heißt. Am Tisch zurück löst der Geldstoß fragende Gesichter aus. „Das sind nur 50 €. Gut dass ich keine 100 wechselte." Dann winke ich die Kellnerin herbei und mache mir einen Spaß daraus, ihr das Bündel zu reichen und 38.000 Sum abzählen zu lassen. Sehr geschickt lässt sie die Scheine durch ihre Finger gleiten, zählt nach und bedankt sich. Ich stecke ihr noch ein kleines Extra zu, was sie sichtlich verlegen werden lässt. Vielleicht habe ich damit die guten Sitten des Landes etwas übertrieben ausgelegt.

Wir verzichten am folgenden Vormittag vorerst auf den geplanten Stadtrundgang und besuchen das Staatliche Museum der Geschichte Usbekistans – ein absolutes Muss, wie sich herausstellt. Das Glück ist uns hold. Eine Archäologin und ein dolmetschender Reiseleiter führen durch die Abteilungen. Sie schildern die geschichtlichen Zusammenhänge verständlich und erwecken die Ausstellungsstücke mit ihren erklärenden Worten für uns zu neuem Leben.
   Usbekistan beheimatet viele unterschiedliche Volksgruppen – in erster Linie die mongolisch stämmigen Usbeken und die iranischen Tadschiken, die gemeinsam mit den Kasachen, den Kirgisen und den aus der Besatzungszeit gebliebenen Russen und vielen anderen eine große Familie bilden. Die Anfänge der Besiedelung reichen jedoch bis in die Steinzeit zurück, in der die Jäger den Flüssen Syrdarja, Amudar-

ja und Sarafschan bis zu ihren Quellen in den Bergen folgten und ihre Spuren hinterließen.

Vor den Felszeichnungen von Lascaux stand ich vor Jahren ebenso gebannt wie vor den Malereien der Aborigines in Australien. Jetzt fesseln mich mit Stein in Stein gemeißelte Bilder, auch Petroglyphen genannt, von denen ich bisher in keinem Buch über Zentralasien las und die ich hier auch nicht vermutete. Kunstfertig hielt einer der Jäger Steinböcke beim Klettern fest. Der Fundort der Gravuren liegt im Ferghana-Tal, wo reichlich Wild erlegt, Vieh gezüchtet, Früchte gesammelt und Felder angelegt werden konnten.

Wir gehen weiter, von einer Vitrine und Schautafel zur nächsten, und lassen die Geschichte dieses Landes und seiner Völker wie im Film vor unseren Augen vorüberziehen. Den Wappenvogel Simurgh lernen wir dabei kennen.

Nach der Legende gilt er als Friedensvogel. Die Menschen rufen ihn an, gleich ob jung oder alt. Sie bitten ihn, seine Schwingen schützend auszubreiten und das Unheil von ihnen und dem Land abzuhalten.

Bei strahlendem Sonnenschein spazieren wir anschließend durch das grüne Herz Taschkents. Die Oasenstadt wurde üppig bepflanzt und als Hauptstadt großzügig ausgebaut – breite Prachtstraßen, repräsentative Gebäude, eine Metro und viele Parks. Auf der Runde kommen wir am Senatspalast vorbei. Auf dem Platz des Volkes nebenan singen Schulkinder. Sie tragen einheitlich weiße Hemden oder Blusen und die Mädchen weiße Schleifen im Haar. Ein hübsches Bild. Der Palast der Romanows erinnert an die Zeit der Zaren und einige Verwaltungsgebäude an die Betonkultur der Russen.

Mit dem Bus fahren wir hinaus zum Fernsehturm am Rand der als schön und modern zu bezeichnenden Innenstadt und am Übergang zu den Gewerbegebieten und einfacheren Vierteln. Vom Aussichtsrestaurant reicht der Blick bis zu den westlichsten Ausläufern des Tienschan. Ein Pass führt dort in 2.267 m Höhe hinüber ins Ferghana-Tal.

Am Nachmittag durchwandern wir die sehenswerte Altstadt. Der Name Taschkent wird mit „hügelige Stadt" übersetzt. Sie wurde in ihrer Geschichte mehrfach geschliffen und eingeebnet. Einzig die Medrese Kukaldasch steht auf einer leichten Anhöhe. Sie beherbergt, wie der Begriff Medrese sagt, eine Koranschule, in der nach Jahrzehnten der russischen Unterdrückung wieder aktiv gelehrt wird. Nargiza begleitet uns. Sie macht auf die zweistöckigen Wohnzellen aufmerksam und auf einen Mullah, der mit einer Schülergruppe im Schatten eines Maulbeerbaumes seinen Unterricht hält.

Nur wenige Schritte weiter beginnt das Gewirr der Basarstraßen. Der Duft frischen Brotes liegt in der Luft. Frauen, Männer und Kinder umlagern die Backstuben und Verkaufsstände. In die meist runden Fladen wurden mit Modeln originelle Muster eingestochen, die das Teilen in handgerechte Portionen erleichtern. Allerlei Gemüse, frische Kräuter, Zitronen, Wassermelonen, Obst und Getreide werden angeboten; daneben bergeweise Süßigkeiten und gepresster Honig, den Bienen umschwirren und zurückerobern wollen. Die Säcke mit Gewürzen empfinden wir als Europäer besonders anziehend. Hier würde niemand auf die Idee kommen, Pfeffer, Paprika, Muskat, Curry, Zimt und was sonst alles in der Küche gebraucht wird gerieben in kleinsten Päckchen anzubieten. Zuerst wird probiert und verglichen, dann erst ausgewählt und gekauft.

Das farbenfrohe Bild reizt, die Kamera zu zücken. Noch fotogener als die Waren sind die Menschen vor und hinter den Ständen. Kaum jemand stört sich daran, fotografiert zu werden. Noch nicht. Nur wenige Fremde durchstreifen wie wir die Gassen. Der Tourismus steckt in den Anfängen. In einigen Jahren mag das anders sein und Fotografieren von Personen als Ärgernis empfunden werden, wenn die Betroffenen nicht vorher höflich um ihr Einverständnis gebeten werden. Meine fragenden Gesten wurden zu meiner Freude von niemandem abgewiesen.

Die Frauen tragen dem Brauchtum entsprechend bunte Kleider. Manche bevorzugen sehr grelle Farben. Auch schwarzgrundige Stoffe mit großen roten Rosen scheinen sehr beliebt zu sein. Kopftücher, ebenso farbig, schützen vor Sonne, Wind und Kälte. Sie werden weniger aus religiöser Motivation umgelegt und nach hinten geknotet. Ob dies der russischen Tradition entspricht oder schon immer Landessitte war, konnte ich nicht in Erfahrung bringen.

Die Männer bevorzugen die traditionellen Kappen. Sonst kleiden sie sich eher westlich.

Nargiza macht auf die sehr unterschiedlichen Gesichter aufmerksam, die auf die Zugehörigkeit zu den verschiedenen Volksgruppen schließen lassen. Usbeken stellen natürlich die Mehrzahl, bei den Kasachen fällt der stärkere mongolische Einschlag auf, die mehr tadschikische Abstammung drückt sich in den schmalen Gesichtern und sehr langen Nasen aus und die persische, indoiranissche Verwandtschaft in markanten Gesichtszügen mit geraden oder leicht gebogenen Nasen.

An den Gassen mit den fleißigen Handwerkern und den Verkaufsständen von Hauhaltsartikeln, Lederwaren, Fahrrädern, der Samoware und sonstigen Alltagsgegenständen gehen wir eilig vorbei, um zu den traditionellen und für einen Jahrhunderte alten Basar typischen Angeboten wie Schmuck und Teppichen zu kommen. Die Frauen unserer kleinen Gruppe entfalten ein eifriges Interesse und höchste Kauflaune, als wir uns anschließend durch die Gasse der Decken, Tücher und Stoffe zwängen. Einheimische Frauen kaufen mit ihren Töchtern für den Brautschatz ein. Neun Decken soll er enthalten, lernten wir von der Erzählung über die kasachische Hochzeit. Auch hier sind grelle Farben und Muster gefragt.

Gesichter Zentralasiens

Eine Mutter probiert mit ihrer Tochter Brautschleier in unterschiedlichen Farben. Weiße Brautkleider haben, wie aus dem Angebot geschlossen werden kann, den Orient erobert, aber diese beiden scheinen in den alten Sitten und Gebräuchen sehr verwurzelt zu sein. Die angehende Braut entscheidet sich für einen rosa Schleier mit Spitzen und Tropfenperlen am Saum. Sie freut sich, als ich sie bitte, sie mit meiner Kamera zur Erinnerung festhalten zu dürfen und auch die Mutter nickt zustimmend.

Auf dem gegenüberliegenden Verkaufsstand schlüpft ein junger Mann in einen voluminösen, bodenlangen blauen Umhang aus Samt, der reich mit goldfarbenen Stickereien verziert wurde.

Ich bitte Muzaffar, einen unserer fünf Reiseleiter, der gerade mit seiner Gruppe auftaucht, um Unterstützung, da ich denke, ein Mann würde bei meinen heiklen Fragen nach den Hochzeitsumständen eher akzeptiert als Nargiza. Bereitwillig unterstützt mich Muzaffar als Übersetzer.

„Erlauben Sie mir, dass ich Sie anspreche."

Der junge Mann nickt zustimmend, nachdem er von Muzaffar hört, dass wir aus Deutschland kommen und uns für das Brauchtum der Usbeken interessieren.

„Probieren Sie den Hochzeitsmantel nur einmal gerade so, oder weil Sie bald heiraten wollen?"

„Oh ja, ich werde in den nächsten Tagen heiraten."

„Jetzt im Herbst?", frage ich.

„Die Zeit nach dem Ramadan ist für eine Hochzeit eine gute Zeit", antwortet der angehende Hochzeiter.

Ich mache eine Kopfbewegung mit fragendem Blick zu der jungen Frau, die hinter ihm steht und noch immer mit der Entscheidung ringt, für welchen rosafarbenen Schleier sie sich entscheiden soll.

Er lächelt und meint: „Nein, nein. Das ist nicht meine Braut. Das Brautkleid und der Schleier bleiben ein Geheimnis bis zur Hochzeit. Ich weiß nicht, was meine Braut tragen wird. Ich werde sie überraschen und sie mich."

Ich hebe meine Lumix und knipse ihn. „Ich wünsche Ihnen und Ihrer künftigen Frau alles Gute und eines Tages eine große Familie."

Die kurze Begegnung machte ihm sichtlich ebenso viel Spaß wie mir. Wir verabschieden uns mit einem festen Handschlag.

Seide im Basar von Taschkent

Leuchtende Farben ziehen die Aufmerksamkeit der Vorübergehenden an. Ein listiger Verkäufer drapiert seine Stoffe wie einen bunten Regenbogen. Auf dem Tisch stapelt er im Halbkreis Ballen und Rollen. Im Wind flattert eine Palette glänzender Schals, die in den Strahlen der Sonne ihre ganze Pracht entfalten. Dieser Händler ist der Spezialist für jenes kostbare Gut, das im Altertum von Geheimnissen umwittert war und mit Silber und Gold aufgewogen wurde. Er verkauft Seide, die den verzweigten Karawanenwegen ihren Namen gab – Seidenstraße.

Auf dem Rücken der Kamele brachten einst die Händler die begehrten Seidenstoffe aus China. Gerollt und gebündelt band man sie den Tieren zwischen die Höcker.

Terrakotta aus der Tangzeit

Heutzutage gewinnen die Usbeken Seide selbst im großen Stil. Seit wann das Wissen um die Zucht der Raupen und das Abfädeln ihrer Kokons in den Westen drang, ist nicht genau überliefert. In den Oasen des Ferghana-Tals gedeihen jedenfalls die Maulbeerbäume, die den Raupen Nahrung geben. Und die Seidenindustrie beschäftigt einige tausend Menschen, die sowohl hochwertige Seide als auch Massenware produzieren. Die Frauen unserer Gruppe kümmern sich um derartige Hintergründe weniger. Wie berauscht probieren sie schmale Schals und breite Tücher, bewundern sich gegenseitig und im Spiegel und kaufen und kaufen – nachdem eine von ihnen für alle vorher um den Preis gefeilscht hatte.

Das Gewirr der am Basar sich anschließenden engen und verwinkelten Gassen der Altstadt hat sein mittelalterliches Aussehen bewahrt. Rechts und links reihen sich Häuser mit flachen Dächern. Stampflehm und in der Sonne getrocknete Ziegel bildeten das Baumaterial der hohen Mauern, die einmal weiß getüncht waren, vom feinen Staub der Straßen aber eine dreckig beige Färbung bekamen. Steinerne Stadt war deshalb ihr ursprünglicher Name. Die Bewohner dieses

Viertels leben bescheiden. Ihre einfachen Behausungen stehen im krassen Gegensatz zu den futuristischen Türmen der Nationalbank Usbekistans, den Glaspalästen der Hotellerie und den modernen Verwaltungsbauten und Apartmenthäusern, die alle große Fenster nach außen tragen. Die Lehmbauten der Altstadt öffnen sich dagegen nur nach innen. Dort bilden geräumige Höfe mit bepflanzten Ecken eine familiäre und intime Atmosphäre.

Die Familien Zentralasiens waren und sind noch immer kinderreich. So trachten viele Eltern danach, einen ihrer Söhne im Lesen und Schreiben und in der arabischen Schrift ausbilden zu lassen, damit ihm die Aufnahme an einer Koranschule ermöglicht wird. Die Medrese Kukaldasch ist nicht die einzige in Taschkent. Am nördlichen Ende der Altstadt restaurierte man unter großen finanziellen Opfern den weitläufigen Komplex Hasrati Imam. Er wurde zum Schmuckstück der historischen Stadt und zu einem großartigen Symbol der islamischen Tradition der usbekischen Bevölkerung. Eine Moschee, eine Medrese, eine Bibliothek und ein Mausoleum bilden eine lang gestreckte Gebäudegruppe. Wer über eine abgeschlossene Oberschulbildung verfügt und ein siebenjähriges Grundstudium an einer der führenden Medresen des Landes absolvierte, kann an der ebenfalls zum Komplex gehörenden Hochschule zum muslimischen Geistlichen ausgebildet werden. Der Andrang soll groß sein. Die Usbeken haben nach den Jahren religiöser Unterdrückung zu ihrem Glauben zurückgefunden.

Unserem Hotel gegenüber befindet sich das Opernhaus. Zur Überraschung aller reservierte der Tourveranstalter zum Abschluss des Aufenthalts in Taschkent Karten für den frühen Abend. Die Gruppe „Sabo" führt eine Ballettkomposition in neunzehn Szenen auf. Das Programm in russischer Sprache lege ich zur Seite. Ich konzentriere mich auf das Geschehen vor mir. Die zarten Farben der Bühnenbilder erwecken paradiesische Träume. Die Tänzerinnen und Tänzer entführen in eine fremde Welt, die sie in wechselnden Kostümen durch ihre Bewegungen, Posen Schritte, Sprünge und Gesten näher bringen. Wir finden großen Gefallen daran.

Planmäßig um 9 Uhr 25 verlässt der Sonderzug den Bahnhof von Taschkent zu unserem nächsten Ziel auf der Seidenstraße – Buchara.

Handel im Wandel – Gedanken auf einer Nachtfahrt

Der Prozess an sich ist uralt, der Begriff dagegen neu. Wer meint, Globalisierung wäre ein Ereignis des ausgehenden zwanzigsten und des beginnenden einundzwanzigsten Jahrhunderts, der sollte seinen Blick zurückrichten. Denn, eine internationale Verflechtung von Wirtschaft, Politik und Kultur gab es schon immer.

Die Seidenstraße verband etwa vom zweiten vorchristlichen Jahrhundert bis ins 16. Jh. Asien mit Europa, Nordafrika und Arabien. Nicht nur die Völker am Anfang und Ende der langen Wege waren in die Veränderungen eingebunden, sondern auch die kleinen und großen Reiche und Stadtstaaten dazwischen. Damals wie heute gab es Gewinner und Verlierer.

Seide verdrängte bei den Wohlhabenden in Rom das feine Leinen und den wuchtigen Brokat, deren Spinner und Weber auf ihren Waren sitzen blieben. Glas aus fernen Ländern wurde umgekehrt in China zum „letzten Schrei". Reiswein aus Gläsern zu trinken war „in" und farbenfrohe gläserne Zierde schmückte eines Tages Teestuben und Salons. Jadeschmuck fand kaum mehr Abnehmer, da Perlen aus Indien, Sri Lanka und Indonesien in Mode kamen. Und auf der anderen Seite der Welt lief der würzig duftende und wohlschmeckende Pfeffer dem heimischen Pulver aus Paprika den Rang ab.

Auf den langen Wegstrecken zwischen Ost und West entwickelten sich Handelszentren, von denen Samarkand und Buchara die wohl bekanntesten und uns immer noch geläufigsten sind. Merw und Herat standen ihnen jedoch in nichts nach. Karawansereien wurden zum internationalen Treffpunkt. Basare erblühten. Händler aus allen Herren Ländern der Welt gründeten dort Niederlassungen. Die Familie des Marco Polo betrieb zum Beispiel so genannte Kontore in Konstantinopel und in Sudak auf der Krim am nördlichsten Zweig der Seidenstraße.

Geldwechsler spielten eine große Rolle. Einige ließen sich nieder und betrieben ihr Geschäft wie kleine Banken. Sie tauschten Münzen unterschiedlichster Länder und Legierungen gegen Gebühr, vergaben Kredite gegen Verzinsung und betrieben Pfandgeschäfte.

Heute steht der US-Dollar im Vordergrund. Der Euro kommt allmählich in Schwung. Die Briten sind – wie könnte es auch anders sein – nur halbherzige Europäer. Bei der Währungsunion machen sie nicht mit. Dabei spielt ihr geliebtes Pfund auf den Devisenmärkten nur noch eine schwächer werdende Rolle.

Der Besuch eines Basars auf unserer Reise gleicht einem berauschenden Erlebnis. Das war offenbar nicht immer so. „In den acht Königreichen gibt es viele Mörder und grausame Menschen; sie bringen sich gegenseitig um und wenn sie nicht ihre obersten Herrscher, die Osttataren, fürchteten, würden sie auch die Handelsreisenden überfallen. Die Tataren sorgen dafür, dass den Kaufleuten nichts geschieht. Ohne bewaffnete Begleitung würden sie nämlich meuchlings ermordet." Mit diesen drastischen Worten schilderte Marco Polo die Gefährlichkeit seiner Reise durch die persischen Königreiche und ebenso kritisch berichtet er über die vergleichbar unsicheren Verhältnisse in den weiter östlich gelegenen und von ihm passierten Ländern, die heute Afghanistan und Pakistan heißen.

Die Beweggründe für Überfälle, Entführungen und Bombenanschläge haben sich geändert. Der politisch und religiös motivierte Terror steht im Vordergrund. Ein Selbstmordattentäter sprengte sich und das Marriott-Hotel in Islamabad am 21. September 2008 in die Luft und riss mehr als sechzig unschuldige Menschen mit in den Tod. Ein deutscher Geschäftsmann erlitt schwerste Verletzungen. Claudia L. bereist zweimal jährlich als Zentraleinkäuferin eines großen Handelskonzerns die Länder Asiens – so auch Pakistan. Zu den Produzenten fährt sie schon seit Jahren nicht mehr übers Land, wie sie erzählt. Aus Sicherheitsgründen bevorzugt sie Treffen in den meist bewachten Hotels. Auch in jenem Marriott-Hotel führte sie bereits geschäftliche Verhandlungen. Glücklicherweise blieb sie stets unbehelligt. Künftige Verabredungen wird sie in den ruhigeren Süden des Landes nach Karatschi verlegen.

So hat sich seit der Zeit eines Marco Polo zwar vieles verändert, manches ist jedoch leider geblieben.

Vorbei am Tal der Himmelsrosse

Dichter reimten schwärmerische Verse. Erkundungsreisende fanden glühende Worte. Die Rede ist von der „Perle Usbekistans", wie das Ferghana-Tal genannt wird. Es erstreckt sich zwischen den hohen Bergrücken des Pamirgebirges und der Wüste Kisilkum.

„Da ist eine große Sandwüste, in der es weder Wasser noch Gras gibt." So beschrieb der buddhistische Pilgermönch Xuanzang seine Eindrücke vom trockenen Ende, das wir gerade durchfahren und das in die Hungersteppe mündet.

Zhang Qian dagegen, der bereits 128 vor unserer Zeit die westlichen Lande im Auftrag des chinesischen Kaisers Wudi erkundete, schilderte die andere Seite der entdeckten Landschaft. Bäche und Flüsse speisen einen fruchtbaren Garten Eden. „Die Einwohner sind sesshaft, bestellen ihre Felder und pflanzen Reis und Weizen. Sie stellen auch Wein aus Trauben her. Das Volk wohnt in Häusern, die in befestigten Städten stehen."

Noch mehr fielen ihm im hohen Vorgebirge die edlen Pferde auf, die den chinesischen an Schnelligkeit, Wendigkeit und Ausdauer weit überlegen waren. Er berichtete deshalb weiter: „Im Lande Kokand leben Pferde in den Bergen. Man nennt sie Himmelsrosse!" Einige dieser pfeilschnellen Pferde brachte Zhang Qian seinem Kaiser mit.

Himmelsrosse! Die Kaiser Chinas nannten sich Söhne des Himmels. Sie alle strebten nach Unsterblichkeit. Nach der alten chinesischen Mythologie werden die Kaiser von Drachen-Pferden auf ihrem Weg in die Ewigkeit begleitet.

Da wollte sich Kaiser Wudi mit den wenigen herbeigeführten Himmelsrossen nicht zufrieden geben. Er schickte – nach einem ersten gescheiterten Versuch mit 3.000 Soldaten – seinen General Li Guangli mit einem Heer von 60.000 Mann nach Kokand. Sie wurden von 100.000 Lasttieren begleitet, mit denen die Versorgung gesichert werden sollte.

Was für ein aberwitziger Entschluss, einen Tross in der Stärke einer Großstadt auf den Weg zu bringen, um dem Volk der Dayuan im

Ferghana-Tal ein paar Pferde zu rauben. Die Hälfte der Männer büßte ihr Leben bei der Durchquerung der mörderischen Taklamakan und den kriegerischen Auseinandersetzungen ein. Die chinesische Armee siegte, ohne die Hauptstadt einnehmen zu können. Mit 3.000 Pferden als Beute zog sie sich wieder zurück.

Künstlerische Meisterleistung eines chinesischen Bildhauers in Bronze:
Das fliegende Himmelspferd überholt einen Vogel im Flug

Einen positiven Aspekt gibt es an dem damaligen Feldzug der Chinesen. Die indogermanische Kultur des Volkes im Ferghana-Tal lässt darauf schließen, dass die Dayuan Nachkommen der durch Alexander d. Großen ins Land gebrachten Söldner und deren Familien waren. Sie wurden von den Chinesen befriedet und diesen tributpflichtig. So wurde die Hauptroute des Handelsweges von Kashgar nach Samarkand sicherer. Der Austausch von Waren und Wissen mit den Völkern im Westen konnte in beiden Richtungen intensiviert werden. Die Seidenstraße erlangte eine erste Blüte.

Etwas wehmütig blicke ich vom Fenster unseres Abteils hinüber zu der zur späten Stunde nur schemenhaft zu erkennenden Bergflanke, hinter der sich der Eingang in das Tal der Himmelspferde befindet. Ob es noch Nachkommen jener Rasse gibt, die Kaiser Wudi erfreute und berauschte, wird nicht berichtet.

Der Zug hat inzwischen Fahrt aufgenommen. Die Strecke führt jetzt entlang der klassischen Seidenstraße. Gegen Mitternacht werden wir an Samarkand vorbeifahren, das wir aus organisatorischen Gründen erst in einigen Tagen besuchen werden. Das nächste Ziel heißt Buchara.

Perle der Seidenstraße – Buchara

Auf Entdeckung in den Basaren

Die Außenwände der Basare, Speicher und Wohnhäuser umringen wie eine Mauer den Stadtkern von Buxoro, wie das alte Buchara auf usbekisch heißt.

Darüber erheben sich ungezählte Kuppeln – kleine, mittlere, größere und drei, vier ganz große, die alle erdfarben die verzweigten und sich kreuzenden Basarstraßen überdecken. Allein zweihundertachtundachtzig flache Kuppeln ruhen auf einer einzigen Galerie. Und die höchsten und schönsten, türkisblau leuchtend, ragen über den Versammlungsräumen der Moscheen und Medresen in den Himmel.

Wie ein Fanal beherrscht jedoch das Minarett der Moschee Kalan die gesamte Szenerie – noch immer Rufplatz des Muezzins zum Gebet, früher Orientierungspunkt der Karawanen und heute Wahrzeichen der Stadt.

Sinfonie der Kuppeln Bucharas

Vom Fenster unseres Hotels genießen wir eine grandiose Sicht. Schräg gegenüber eröffnet ein doppeltes Tor den Zugang zur Altstadt und den Basarstraßen. Eine alte Frau tritt heraus. Sie trägt ein Gefäß schwingend vor sich her, aus dem beißender Rauch aufsteigt. „Weihrauch?", frage ich Nargiza. „Nein, den könnte sie bestimmt nicht bezahlen. Sie verbrennt Häcksel von irgendeinem Gestrüpp. Der Rauch soll die bösen Geister vertreiben." „Vermutlich eher die Stechmücken", werfe ich ein.

Wir überqueren den kleinen Platz vor dem Südtor und finden uns um Jahrhunderte in eine längst vergangene Zeit zurückversetzt, die hier noch immer andauert. In der Tat: Der Mythos Seidenstraße lebt. Wahrhaftig, wir sind mitten drin.

Aus den schattigen Nischen der verzweigten Gänge hallen die Rufe der Händler und die Wortfetzen der Käufer wieder. Die Besucher strömen in den Hauptadern gegeneinander, suchen ihren Weg, weichen aus, zwängen und drängeln an engen Stellen. Nur wenigen scheint Gemächlichkeit eigen zu sein. Die meisten eilen.

Gedämpftes Licht dringt durch die entfernten Eingänge. Die Strahlen der Sonne fallen durch die Deckenöffnungen der Kuppeln und markieren langsam wandernde, golden sich brechende Punkte an den Wänden.

Fünf Straßen treffen in diesem Tak aufeinander, die in ihrem Kreuzungspunkt von großen und kleinen Kuppeln überwölbt werden. Die Mützenmacher betreiben hier ihr Gewerbe. Die schlichten Stoffkappen und Fellmützen für Männer finden nur wenig Aufmerksamkeit. Mehrere Frauen umlagern dagegen die für sie bestimmten bunten, glitzernden, mit Gold- oder Silberfäden und Glasperlen besticken Kreationen. Es wird probiert, gehandelt, gekauft, oder auch nicht.

Mich interessieren die kleinen, bunten Figuren. Auf einem Gestell hängen Puppen mit aus Holz geschnitzten und bemalten Köpfen und farbenprächtigen Trachten. Das ganze Spektrum Zentralasiens scheint hier vertreten zu sein – Männer wie Frauen, Alt und Jung, usbekische, mongolische, tadschikische und persische Gesichtszüge, und alle mit Kappen oder Mützen bedeckt. Ein wahres Spiegelbild der Passanten. Nur tragen diese nicht alle Kappen oder Mützen. Vor allem die Frauen nicht, sie bevorzugen auch hier in Buchara das nach hinten gebundene, bunte Kopftuch.

Mitgerissen vom regen orientalischen Treiben stolpern wir staunend von einem Verkaufsstand zum anderen, verweilen etwas länger beim Kunstschmied, der auf einem Samtkissen auf Hochglanz polierte Messer und Dolche aller Größe zur Schau stellt, die ich für meinen Enkel fotografiere, und betreten schließlich einen weiteren weitläufigen, monumentalen Basarbau. Vier Achsen kreuzen sich im Inneren unter einer hohen Kuppel. Tim wird ein solches Handelshaus mit großen Arkaden genannt, das nur zu einer Seite hin offen ist.

Kostbare Teppiche und farbenfrohe traditionelle Stoffe hängen an den Wänden. Wie immer sollen die besten Stücke die Käufer locken.

Buchara: Tim des Abdullah Khan und O'zbek Mumtoz vor einem Susani

Ali, der örtliche Reiseführer, macht auf die Besonderheiten aufmerksam. Die roten oder braunen Buchara mit dem typischen Rautenmuster stammen aus Turkmenistan, lerne ich. Hätte mir jemand zu Hause erzählt, dass ein Buchara nicht aus Buchara kommt, hätte ich für ihn bestimmt nur ein mildes Lächeln übrig gehabt. Doch der Ahnungslose war ich. Bis jetzt. Nun ja, ein Burgunder wird eben auch in der Pfalz angebaut.

Wir gehen noch tiefer in den Tim hinein. Aus den seitlichen Luken der großen und kleinen Kuppeln fällt Licht auf die kräftigen Farben der dort ausgebreiteten und an den Säulen und Wänden befestigten Stoffe. Regelrechte Kunstwerke schaffen die Frauen, die hier an einzelnen Stücken mit Nadeln und Seidenfäden arbeiten und auf Käufer warten. Susani heißen die mit Naturfarben bestickten Seidentücher. Sie werden als Wandbehang, Vorhang oder Tagesdecke benutzt. Seide, seit alters her ein begehrtes Gut, wird in diesem Tim noch immer in großen Mengen gehandelt. Gerollt oder gefaltet und gestapelt

weckt sie in den buntesten Farben glänzend bei jedermann Begehrlichkeit.

Der Geruch der Kamele, Pferde und Esel ist längst verflogen.
Händler lagern in der Karawanserei ein paar Schritte weiter wie in
alten Tagen ihre Waren. Sie unterhalten dort Verkaufsstände. Doch
über die Nacht bleibt niemand mehr, weder Mensch noch Tier.

Gold und Edelsteine funkeln im nächsten Tak. Es ist der Basar der
Juweliere. Aber auch Händler betreiben hier mit Antiquitäten und
Andenken-Krimskrams ihre Geschäfte. Am meisten Aufmerksamkeit
finden die Künstler der Miniaturmalerei, zumindest bei den wenigen
Touristen, die wie wir Ausschau nach einem Erinnerungsstück halten.
Inmitten seiner ausgestellten Blätter trägt ein Kalligraph in höchster
Konzentration florale Ornamente mit einem äußerst feinen Pinsel auf
ein hauchdünnes elfenbeinfarbenes Papier. Für besonders wertvolle
Arbeiten verwendet er die freien Blätter alter Bücher und kostbares
Seidenpapier; beides echte Raritäten. Zur Beschriftung der umlaufenden Bänder mit den arabischen Zeichen greift er zu einer von Hand
geschnittene Feder – so wie einst Goethe, als er sein Buch „Westöst-
licher Diwan" schrieb.

Eine Kundin interessiert sich für die Arbeit eines Künstlers, der
sich auf Pferde spezialisiert hat. Sie scheint ganz entzückt von der
Feinheit der Arbeiten. Ich schaue ihr beim Blättern und Handeln zu.
Auf meine Frage, ob sie Reiterin sei, erfahre ich, dass sie eine Stute
besitzt, die von einem Tekkiner abstammt. Nach Turkmenistan, der
Heimat dieser Rasse, kommt sie auf ihrer Reise leider nicht, sagt sie
mit Bedauern. Ich beobachte das Gefeilsche noch geraume Weile.
Beim Preis deckungsgleicher Motive kann ich gewaltige Unterschiede
feststellen – altes Papier und Seidenpapier treiben diesen in die Höhe.

Die Geldwechsler, die einst ebenfalls ihre Geschäfte in den Basaren
betrieben, Gold- und Silbermünzen und Papierwährungen unterschiedlicher Länder tauschten und Kredite vergaben, sind verschwunden. Das alles behalten sich heute der Staat und die von ihm
autorisierten Wechselstuben vor. Dabei machten die strengen Regeln
in der zweiten Sure des Korans den Händlern und Geldwechslern das
Leben schwer. „Tätigt ihr Geschäfte, die an Ort und Stelle Zug um
Zug abgeschlossen werden, so ist es kein Fehl, wenn ihr nichts nie-
derschreibt; doch nehmt Zeugen zu eueren Geschäften." So weit, so

gut. Weiter heißt es: „Verschmäht nicht, eine Schuld und die Frist niederzuschreiben." Die Zahlungsfrist ist hier gemeint. Doch Geld, also Zinsen für die spätere Zahlung oder einen Kredit zu nehmen, widersprach dem Koran und widerspricht ihm noch heute. „Allah hat den Handel erlaubt und den Wucher verboten." „Wer wuchert, wird ein Bewohner des Höllenfeuers." Dies dürfte manchem Gläubigen Kopfzerbrechen bereitet haben, denn wer gibt schon Geld oder gewährt für längere Zeit Kredite, ohne dafür eine Gegenleistung zu verlangen. Der Ausweg war schnell gefunden – Inder und Juden übernahmen die Geldgeschäfte, die heute bei den internationalen Banken liegen.

Eine letzte erwähnenswerte Begegnung schließt unseren Rundgang durch die verwinkelten Basare, Marktstraßen und Plätze ab. Im Innenhof einer Medrese, der Abdul-asis Khan, bieten Handwerker und Händler ihre Waren an – nichts, was ich nicht an anderer Stelle schon gesehen hätte. Was meine Aufmerksamkeit erweckt, ist die zarte Musik, die aus einer der vielen Nischen vor den einstigen doppelstöckigen Wohnzellen klingt. Das Baudenkmal wird nur noch als Museum und Ladengalerie genutzt. Doch auch zweckentfremdet entfaltet die Medrese ihren Reiz.

Gemächlich durchschreite ich den Innenhof, bis ich den Musikanten erblicke. Er sitzt auf einem Schemel und streicht mit einem Bogen ein Instrument mit einem kleinen Resonanzkörper und kurzen Hals, das er senkrecht auf seinen Oberschenkel stützt. In Kasachstan würde man Kobyse dazu sagen. Die Bezeichnung fand ich in einem Artikel der Deutschen Allgemeinen Zeitung über asiatische Musikinstrumente. Ich höre ihm lange zu. Die Töne wirken beruhigend. Er blickt auf und grüßt mit einem freundlichen Nicken, ohne sein Spiel zu unterbrechen.

Nach einiger Zeit beendet er die Melodie, lächelt kurz zu mir herüber und ergreift ein anderes Instrument. Dessen Hals ist augenscheinlich viel länger. Er steht auf und beginnt ein neues Stück, diesmal nicht streichend, sondern zupfend mit sehr rhythmischer Betonung. Er sagt etwas zu mir, was ich nicht verstehen kann. Ich fotografiere ihn. Er steht vor einem weinroten Susani, einer einmalig kostbaren seidenen Tuchstickerei, wie sie in dem Seiden- und Teppichbasar angeboten wurde. Seinem langen, schmalen Gesicht nach zu urteilen, mag er tadschikischer Herkunft sein. Einige CDs liegen auf einem Tischchen. O'zbek Mumtoz Musika – lese ich. Er hat aufgehört zu spielen. „Five Euro", sagt er und wählt selbst eine CD aus. „Tano-vor" sagt er und deutet auf den Titel. Das war das zweite Stück, das er spielte. Ich reiche ihm das Geld und stecke die CD in meine Jackenta-sche. Gerne hätte ich mich mit ihm unterhalten, aber er spricht leider kein Englisch. „Dombra?" sage ich fragend zu ihm und deute auf die Laute mit dem langen Hals, die er noch immer in den Händen hält. Er nickt. Auf einem Regal stehen mehrere Dombras zum Verkauf bereit. Keine gleicht der anderen. Die aus Holz gefertigten kleinen Resonanzköper und die Hälse variieren im Material und in der Farbe. Sie sind nur mit zwei Saiten bespannt. Ich deute darauf und frage: „From horsetail?". Dabei ahme ich mit meinen Fingern Hufgeklapper auf seinem Verkaufstisch nach, während ich mit der anderen Hand an meinem Hinterteil wie mit einem Schwanz wedele. Seine Antwort verstehe ich nicht, jedoch seine Gesten. Er wackelt verneinend mit dem Kopf und reibt dabei Daumen und Zeigefinger. Das ist international und heißt: Zu teuer.

Neben einem Tambour liegen drei Streichinstrumente und zwei weitere Lauten, alle mit kürzeren Hälsen. Ich sehe ihn fragend an, doch dieses Mal kann ich seine Antwort nicht entschlüsseln.

Während ich ihm „Auf Wiedersehen" sage und mich auf den Weg mache, greift er erneut zur Dombra, beginnt zu spielen und ruft mir ein „Good bye" nach. Damit war sein englischer Sprachschatz er-schöpft. Wieder zu Hause erinnerten mich die Melodien der CD an ihn. Ich bemühte mich, das Rätsel der beiden fremden Instrumente zu lösen. Was der Musikant zu mir sagte, waren offenbar die Worte Rebab und Ud für die orientalischen Streich- und Zupfinstrumente mit den kurzen Hälsen. Der Titel der CD ist zweideutig. O'zbek Mumtoz mag sein Künstlername sein, kann aber auch mit Usbekische Tänze übersetzt werden.

Baukunst und Dichtkunst

Die Geschichte des alten Buchara reicht zweitausendfünfhundert Jahre zurück. Marco Polo schrieb schwärmerisch in seinem Bericht über die Reise seines Vaters: „Diese Stadt ist die prächtigste ganz Persiens", obwohl sie wenige Jahre vor dessen Besuch durch die Horden Dschingis Khans teilweise zerstört wurde. Die UNESCO erklärte Bucharas Altstadt inzwischen zum Weltkulturerbe.

Die in ihrer Art einmaligen Basare tragen nur einen Teil zu dieser außerordentlichen Einschätzung bei. Die Medresen und Moscheen mit ihren türkisblauen Kuppeln, die mit Fayencen geschmückten Wände und Minarette und die vorgelagerten Plätze vollenden das Bild, das man ein einzigartiges orientalisches Gesamtkunstwerk nennen kann.

Wir verlassen die Medrese, in der ich soeben dem Musikanten begegnete, und sehen uns einer noch prächtigeren gegenüber. Die Schaufassade der Medrese Ulugh-Bek mit dem hohen Iwan und den flankierenden doppelstöckigen Spitzbogenarkaden galt als Vorbild, dem viele Baumeister in ganz Zentralasien über Jahrhunderte nachahmten. Sie ist die älteste noch erhaltene Metrese. Ihr Erbauer war Ulugh-Bek, dessen Namen sie trägt – ein Sohn Amir Timurs. Ali erklärt die Details des Bauwerks und deutet auf eine kufische Inschrift am Portal. „Streben nach Wissen ist die Pflicht aller Muslime", übersetzt er. Ein wahres Wort, das sich jeder zu Eigen machen sollte.
„Sie können arabische Zeichen lesen?"
„Nein. Ich kenne die Bedeutung dieses Schriftbandes, wie auch die einiger anderer. Sehen Sie die Zeichen rechts und links am Iwan. Sie heißen: Im Namen Allahs, des Allbarmherzigen. Mit diesen Worten beginnen alle einhundertvierzehn Suren des Korans. Sie finden sie mehrfach auf jeder Moschee und jeder Medrese."

Auf einem Rundgang erleben wir, weshalb die Stadt Buchara den persischen Beinamen Sherife, die Edle trägt. Ein Bauwerk präsentiert sich schöner und beeindruckender als das andere. Doch eines zieht mich besonders in seinen Bann – die Medrese Mir-e Arab. Der prunkvolle Iwan wird von zwei Rundtürmen mit türkisfarbenen Kuppeln eingerahmt, die der Front eine vollendete Harmonie geben. Seit vierhundert Jahren werden in dieser Koranschule die Worte des Propheten und die Gesetze des Islams gelehrt, auch heute noch. Wir können sie deshalb nur von außen besichtigen.

Die Moschee ihr gegenüber steht dagegen auch uns Nichtgläubigen zum Besuch frei. Wir legen die Schuhe ab und betreten den Gebetsraum. Drei Gläubige rezitieren leise und in sich versunken Suren des Korans – möglicherweise das ‚Kurzgebet‘ der ersten Sure: „Im Namen Allahs, des Allbarmherzigen. Lob und Preis sei Allah, dem Herrn aller Weltenbewohner, dem gnädigen Allerbarmer, der am Tage des Gerichts herrscht. Dir allein wollen wir dienen, und zu dir allein flehen wir Beistand. Führe uns den rechten Weg, den Weg derer, welche sich deiner Gnade freuen – und nicht den Pfad jener, über die du zürnst oder die in die Irre gehen.“

Wir haben nur Augen für die Ausgestaltung. Über dem Quadrat des Versammlungsraums errichteten die Baumeister ein Achteck, darüber einen Tambour und darauf die größte Kuppel der Stadt. Die Gebetsnische, Mihrab genannt, wurde reich mit Fayencen ausgeschmückt und das Stalaktitengewölbe darüber glänzt, als wäre es mit Blattgold belegt.

Ohne die Betenden zu stören, ziehen wir uns wieder zurück und treten hinaus auf den von der Mittagssonne grell beschienen Platz. Die Herrscher des Mittelalters in Zentralasien liebten es, einer Moschee oder Medrese eine zweite spiegelbildlich gegenüberzustellen. Der Anblick der gegen den Himmel strebenden Gebäude, die bunte Schönheit der Ornamente und Schriftbänder, die Wucht der Eingangstore und die wehrhaft flankierenden Minarette flößten dem Gläubigen, dem Unterwürfigen, noch mehr Respekt ein, als er dem Koran und seinem Herrn ohnehin bereits entgegenbrachte, und ermahnten den Ungläubigen, sich schnellstmöglich bekehren zu lassen. Denn diese, die Ungläubigen, die Atheisten oder auch die Andersgläubigen hatten im islamischen Zentralasien der Araber, der Perser und später der Timuriden keine Chance. Etwa dreitausend Männer und Frauen, die sich nicht zu den Sunniten bekannten, sollen – so die Legende – als Sklaven verkauft worden sein, um neue Gotteshäuser finanzieren zu können. Und wer fehlte, etwa vorehelich als Frau mit einem Mann verkehrte, Ehebruch begann oder als Dieb erwischt wurde, der wurde in einen Sack gewickelt, auf das Minarett Kalan auf dem Platz vor uns über die Stufen bis zu den obersten Luken geschleift und dann hinab zu Tode gestürzt. Am Aufklatschen der Körper der Delinquenten ergötzte sich das Volk, das bekehrte, oder es ließ sich ob dieses grausigen Spektakels und zur Vermeidung eines ähnlichen Schicksals rasch bekehren.

Sklaverei in Zentralasien? Eine unglaubliche Zeitungsmeldung ließ vor einigen Monaten aufhorchen: „Kasachstan schafft die Sklaverei ab." Dem Bericht zufolge unterzeichnete der Staatspräsident Nursultan Nasarbajew im Februar 2007 ein Gesetz zur Ratifizierung der „Konvention über die Abschaffung von Sklaverei, Sklavenhandel und sklavereiähnlichen Institutionen und Bräuchen" von 1926 und der Zusatzabkommen von 1953 und 1956. Immerhin vergingen mehr als achtzig Jahre, bis der Entschluss zur Abschaffung der Sklaverei auch tatsächlich alle Hürden nehmen und Gesetz werden konnte.

Auch um die Plätze und Gebäude, die wir nach der Mittagspause besuchen, ranken sich Legenden und Geschichten. Beim Rundgang mit Ali am Nachmittag schwingt allerdings eine gehörige Portion Romantik mit, wenn dieses Stimmungsbild überhaupt erlaubt ist. Wir kommen an der ältesten, wieder ausgegrabenen und restaurierten Moschee Bucharas vorbei, deren Fundamente fast fünf Meter unter dem heutigen Niveau der Stadt ruhen. Nur ein paar Schritte weiter gelangen wir zu einem von Bäumen bestandenen, belebten und malerischen Platz mit einem Teich im Zentrum. Die Oase Buchara liegt inmitten der Wüste Kisilkum. Die wenigen Quellen reichen nicht aus für die Bevölkerung. Ein Kanal führt deshalb Wasser seit Jahrhunderten vom Sarafschan heran: Die Lebensader der Stadt, die auch den Teich speist. Am Lab-e Haus, wie der Platz heißt, mündete die aus dem Osten in das alte Buchara hineinführende Seidenstraße. Früher waren hier die Händler zu Hause, heute sind es Restaurants, Cafés und, der Begriff möge mir erlaubt sein, ein Biergarten.

Auf der Ostseite, wo die alte Hauptstraße an unserem Hotel vorbei zu den überkuppelten Basaren führt, steht eine alte Pilgerherberge, deren Iwan als Spiegelbild im Teich zu sehen ist.

Die Breitseite des Platzes nimmt die monumentale Medrese Kukaldasch ein, die den Namen eines Wesirs trägt, dem wir bereits in Taschkent begegneten. In den schmalen Gassen ihr gegenüber befinden sich Wohnhäuser. Ihr monotones Äußeres und ihre fahle Farbe gleichen einem Abbild der dahinter beginnenden Wüste.

Wir schlendern hinüber zur Westseite. Die dortige Medres Nadir Diwan-Begi war ursprünglich eine Karawanserei, später eine Hochschule. Heute dient der Innenhof als Café, Restaurant, Varieté und Kaufhaus. Wie in einem Shop-in-shop-Haus preisen die Händler in den Nischen und Wohnzellen ihre Waren an. Der ganze Orient liegt uns zu Füßen. Die schönsten Fellmützen Bucharas werden hier ausgestellt. Die langhaarigen weißen finde ich besonders originell. Graue und schwarze Persianer-Schiffchen sind zu sehen. „Karakul, Karakul" hören wir immer wieder. Ein Verkäufer fährt mit seinen Fingern durch die schwarzen Locken einer Pelzmütze gegen den Strich. „Karakul?" Ich wende mich fragend an Ali. „Ist das Schlachten von Jungtieren in Usbekistan erlaubt?" „Wenn ich es richtig weiß, dann werden Quoten vergeben. Verboten ist jedoch das Töten trächtiger Tier und das Häuten der ungeborenen Lämmer." Wo kein Kläger, da kein Richter, bleibt zu vermuten.

Wir interessieren uns mehr für die Schals und Tücher aus Seide und Kaschmir. „Made in Usbekistan or India", frage ich eine Verkäuferin? Sie wiegt den Kopf. „India?" Sie sucht nach einem Etikett, das auch wir nicht fanden. „No", kommt langsam über ihre Lippen. Aber auch „Usbekistan?" kann sie nicht bestätigen, was der Sache keinen Abbruch tut. Die Qualität, die Farben und die Muster überzeugen. Wir wählen zwei Erinnerungsstücke.

Wieder draußen auf dem Platz, blicken wir auf einen Fingerzeig Alis nochmals zurück. Ganz unorthodox wurde der Tympanon über dem Haupteingang mit Vögeln, Tieren, die Hunden ähneln, und einer strahlenden Sonne mit einem menschlichen Antlitz dekoriert. Der Erbauer wollte sich hier verewigen lassen, wird berichtet, ohne dass diese Vermutung bewiesen werden kann. Mit den strengen Regeln des Korans kollidiert die Darstellung von Lebewesen an religiösen Gebäuden. Trotzdem überdauerte sie zu unserem Gefallen die Zeit.

Ein Denkmal im Park findet unsere Aufmerksamkeit – ein Mann auf einem Esel, der Märchenerzähler und Volksdichter Nasriddin Afandi. An einem nahen Verkaufsstand erstehe ich ein Büchlein mit dem Titel: „Wer die Maus unter dem Arm kitzelt – Usbekischer Volkshumor, Witze und Anekdoten um Nasreddin Afandi".

Wir gehen durch den Park und suchen uns am Ufer des Teichs ein Plätzchen unter den schattigen Bäumen des Café-Restaurants. Nach Tee oder Limonade steht uns nicht der Sinn. Ich sehe die weißen Buchstaben auf einem roten Schild über einer Art Theke: „Asia", die Marke des regionalen Bieres. „Two Asia", sage ich zum Kellner, der bald darauf mit zwei Glaskrügen mit frisch gezapftem Bier zurückkehrt. „Unglaublich, aber wahr. Wir sitzen im Biergarten an der Seidenstraße, trinken ein Helles und grüßen sehr herzlich aus Buchara", schreibe ich auf einer Postkarte nach Hause.

Dann blättere ich in dem Büchlein mit dem Volkshumor, und beginne, daraus vorzulesen:

Nariddin Afanti – Karikatur

Eines Tages schlenderte Afandi durch den Basar. Er begegnet einem Mann, der sein Schwert verkaufen wollte.

- Was kostet das Schwert? Fragt Afandi.
- Zehn Goldmünzen.
- Ach, das ist zu teuer.
- Das stimmt, es ist teuer, aber mein Schwert hat eine besondere Eigenschaft. Wenn du mit diesem Schwert auf einen Feind losgehst, so verlängert es sich um das Zehnfache.

Afandi nickte mit dem Kopf und sagte:
- Das ist gut, aber leider kann ich davon keinen Gebrauch machen. Meine Frau hat einen Feuerhaken, der sich um das Zwanzigfache verlängert, falls sie damit auf mich losgeht.

* * *

Afandi studierte Arabisch in einer Medrese. Eines Tages wollte der Lehrer seine Kenntnisse prüfen und fragte:
- Afandi, wie heißt ein Kalb auf Arabisch?
Afandi wusste das nicht und antwortete spitzfindig:
- Die Araber warten, bis das Kalb erwachsen ist, dann nennen sie es eine Kuh.

* * *

Eines Tages berichtete man Afandi, der Kadi, der religiöse Richter der Stadt habe den Verstand verloren. Afandi wurde sehr nachdenklich als er diesen Bericht hörte.
- Afandi, worüber denken Sie nach?
- Der Kadi hatte bisher keinen Verstand. Ich kann mir einfach nicht vorstellen, wie er es zustande gebracht hat, den schon fehlenden Verstand zu verlieren.

* * *

Eines Tages kam ein Mann zu Afandi, um einen Esel auszuleihen.
- Der Esel ist nicht da, sagte Afandi.
In diesem Moment begann der Esel im Stall zu schreien. Der Bittende fühlte sich beleidigt und sagte:
- Afandi, Sie haben mich doch übers Ohr gehauen.
- Du scheinst ein Sonderling zu sein, erwiderte Afandi. Mir, einem ehrlichen Mann mit weißem Haar willst du nicht glauben, während du einem dummen Langohr glaubst.

* * *

Ein reicher Mann fragte eines Tages Afandi:
-Verehrter Mulla, Sie sollten es wissen, wann werden die Posaunen geblasen und wann kommt der letzte Tag?
- Gleich nach deinem Tode, sagte Afandi, wenn deine Kinder unter sich dein Vermögen teilen.

* * *

Reichtum, grausame Macht und kostbares Wasser

Wir übernachteten im Hotel Asia im Herzen der Altstadt Bucharas an exponierter Stelle zwischen dem Eingangstor zu den überkuppelten Basaren und dem prächtigen Gebäudekomplex am Lab-e Haus, dem Teich. Alte Lehmhäuser mussten dem Neubau weichen, dem, wie bei einer Medrese, ein Iwan als Eingangportal vorgesetzt wurde. Wohin die ursprünglich hier lebenden Menschen umgesiedelt wurden, können wir nicht in Erfahrung bringen. Wohl aber das offene Geheimnis, dass die Anlage von der Schwester des Staatspräsidenten erbaut wurde und betrieben wird. Im Restaurant unseres Zuges und auch anderswo tranken wir bisher Sarbast Bier. Im Hotel Asia wird Asia Bier angeboten, aus einer Brauerei, die ebenfalls der Schwester gehört. Die herrschende Familie weiß, den Reichtum ihrer Mitglieder zu mehren. Ali machte auf diesen Umstand aufmerksam.

Die Nacht war kalt. Das Abendessen hatten wir im Hof der Medrese Nadir Diwan-Begi im Freien eingenommen, bei Kerzenlicht und Fackelbeleuchtung, orientalischer Musik und usbekischen Tänzen. Wir fröstelten, trotz Pullover und doppeltem Wodka. Jetzt genießen wir die Wärme der Morgensonne auf den Stufen des Hotels.

Die Reiseleiter warten bereits auf uns. Wie ich mich erinnere, hatte sich Mustafa in Almaty als waschechter Kasache bezeichnet. Muzaffar meinte, er sei der typische Usbeke einer alten Familie. Der kleinen hübschen Dilbar ist der Schuss russischen Blutes in ihren Adern anzusehen. Bei Nargiza und Ali jedoch, die sich ebenfalls als Usbeken vorstellten, habe ich meine Zweifel. Beherzt gehe ich auf Ali zu.

„Ali, erlauben Sie mir eine Frage. Wie kommt es, dass Sie ebenso wie ich dunkelblonde Haare haben?"

„Ich wurde zwar in Buchara geboren und bin Usbeke. Aber die Vorfahren meiner Eltern und Großeltern stammten alle aus Persien. Wir sind sehr stolz darauf. Dunkelblonde Haare sind dort keine Seltenheit. Buchara war lange Zeit persische Provinz und die persischen Familien, die hier blieben, pflegen bis heute ihre reiche Tradition und den Zusammenhalt. Sie heiraten meistens untereinander. Auch ich habe eine persischstämmige Frau."

Nargiza steht bei uns. Sie hat zugehört. Ich wende mich an Sie. „Und welches ist Ihr Geheimnis? Ich darf doch danach fragen?"

Sie lacht. „Auch ich bin Usbekin. Meine Vorfahren sind jedoch fast alle Tadschiken. Das sehen Sie ja an meiner langen Nase. Der Vater meiner Mutter allerdings stammt aus dem Ferghana-Tal, aus einer der alten dortigen Volksgruppen."

Die Herkunft, die Abstammung und die Tradition, das macht ihren Reichtum aus:

Mustafa   Nargiza

Ali   Muzaffar

Am frühen Vormittag machen wir uns auf den Weg. Wir gehen mit einer kleinen Gruppe und von Ali begleitet die Mekhtar Ambar entlang, wie hier ein Stück der alten Seidenstraße heißt. Lehmhäuser säumen rechts und links die Gassen. In eine gehen wir hinein.

Die beiden Frauen, mit denen wir heute im Hotel frühstückten, begegnen uns. Sie sind mit zwei Volkswagenbussen unterwegs, die mit zwei Fahrern und zweimal sechs Reisenden und einem Reiseleiter belegt sind. Wir tauschten uns über unsere Reisen aus. Sie schwärmten von ihren Fahrten durch die Steppen und Wüsten. „Wenn Sie nachts mit dem Zug fahren, sehen Sie doch von all dem nichts", meinte die eine mit dem Ausdruck des Bedauerns. „So schlimm ist das nicht", hielt ich ihr entgegen. „Wenn ich morgens beim Sonnenaufgang die Steppe mit ihren wenigen Gehöften und Siedlungen oder auch die Wüste eine Stunde lang beobachte, dann genügt das vollkommen, denn die endlose und oft eintönige Weite würde mittags und nachmittags auch keine großen Überraschungen bereithalten." Unverständnis bemerkte ich bei unseren Tischnachbarn. „Uns bleibt dafür an den Tagen mehr Zeit. So hat eben alles Vor- und Nachteile."

„Geht's wieder los", frage ich ganz ungezwungen im Vorübergehen? Sie gehen ohne Antwort an uns vorbei.

Die Gassen führen auf einen kleinen Platz zu. Sein Niveau liegt einige Meter tiefer als die Wohnhäuser. Vermutlich stammt er noch aus einer sehr alten Zeit. Buchara wurde mehrfach zerstört und die Ruinen wurden nicht abgeräumt, sondern immer wieder überbaut. So liegt der alte Teil der Stadt heute auf einem flachen Hügel. Von einer Brüstung blicken wir hinunter auf eines der originellsten Gebäude Bucharas – das Torhaus Tschar Menar.

Tschar Menar

Zu Reichtum, Ansehen, Einfluss und damit verbunden Macht kamen nicht nur die Khane, Emire und Präsidenten, sondern auch Kaufleute, die ihre Verbindungen zu nutzen verstanden und die Fäden über die benachbarten Länder bis Indien und Kleinasien spannten. Einer von ihnen war Kalif Nijaskul. Er erbaute sich aus seinen Mittel eine eigene

Moschee. Mit einem noch so großen Iwan gab er sich nicht zufrieden. Seine Moschee betritt man durch einen Torbau, den vier Minarette, umgeben. Tschar steht für vier und Menar für Minarett – ein gigantisches und gleichzeitig graziles Denkmal.

Die Geldwechsler und Juwelenhändler häuften ebenfalls großen Reichtum an. Diese Art des Geschäftes betrieben meist jüdische Familien. Zum Mittagessen kehren wir in eines ihrer Häuser ein. In einer schmalen und buckligen Straße weißt ein Nasenschild auf ein Hotel hin, das sich hinter einer unscheinbaren Mauer befindet; sandfarben und leicht heruntergekommen wie alle Hausfassaden in der Altstadt. Nur die hölzerne Haustüre scheint neueren Datums zu sein. Hotelpension wäre die richtigere Bezeichnung für eine Herberge mit einer Hand voll Zimmer. Wer erstmals die Schwelle überschreitet und in den Innenhof gelangt, der wird ebenso überrascht sein wie ich, da er sich unerwartet in einem kleinen Stadtpalast befindet. Der Charme alten Stucks und leicht verblasster Wandmalereien vermittelt dem Besucher eine elegante Atmosphäre des gehobenen Wohnstils mit orientalischem und mediterranem Einfluss.

Wir nehmen auf der überdachten Empore am Tisch des Bordarztes Platz, den wir schon mehrfach als kurzweiligen Unterhalter erlebten.

„Ob wir in einem jüdischen Haus koschere Speisen aufgetischt bekommen? Fleisch von geschächteten Hammeln oder Rindern?" Die mehr rhetorischen und spaßig gemeinten Fragen bleiben ohne Antwort, da wir sie nur uns und nicht dem Personal stellen.

„Auf jeden Fall trinken wir keine Milch zum Fleisch, sondern Bier", bemerke ich. „Das ist koscher." „Und bayrisch", ergänzt Irene.

Eine Besonderheit des servierten Hauptgangs erfahren wir ungefragt von Ali. „Der Plow wurde mit Baumwollöl angerichtet." Er hält eine Flasche mit goldfarbenem Inhalt in die Höhe. „Das schmeckt neutraler und damit besser als das sonst übliche Sonnenblumenöl."

Auch Außenminister Frank-Walter Steinmeier wurde anlässlich eines Besuches von Buchara in diesem Haus bewirtet. Beim Hinausgehen sehen wir sein Bild, das im Eingangsbereich hängt. Sollte ich nochmals nach Buchara kommen, würde ich hier wohnen wollen, vorausgesetzt, ich würde das Lyabi House und die Khusainov Straße wieder finden.

Die eigentliche Macht spielte sich in Buchara am Ostrand der Stadt ab. Dort befindet sich der Ark, die Zitadelle, auf einem aufgeschütteten Hügel und von wehrhaften Mauern umgeben. Unüberwindlich waren sie nicht – 709 stürmten die Araber und 1220 die Horden Dschingis Khans darüber hinweg.

Die Ursprünge der heutigen Anlage stammen von den Scheibaniden, einem direkt auf den Mongolenfürst zurückgehenden Clan. Einer ihrer Führer bekannte sich 1282 zum Islam und seine Nachfolger nannten sich nach Usbek Khan eines Tages Usbeken.

Vom Glanz dieser Zeit blieb wenig erhalten – ein martialisches Eingangstor, eine Moschee und Reste des Palastes mit dem offenen Thronsaal; alle neueren Datums. Von der Festungsmauer blicken wir hinunter auf den Registan, den großen Platz, auf dem einst Markt gehalten wurde und Musikanten, Gaukler und Märchenerzähler die Leute unterhielten.

Wie viele Menschen von den Mauern und Türmen der Festung hinabgestürzt wurden, weiß niemand zu sagen. Die Strafen der Emire waren drakonisch. Der Chronist Hermann Vambery berichtet aus der Zeit um 1850: „Buchara war von Schrecken gelähmt. Väter sahen, wie ihre Töchter und Söhne gewaltsam in den Ark geschleppt wurden, ohne dass sie es wagten, auch nur einen Laut des Widerwillens von sich zu geben, denn der Fürst konnte ebenso unumschränkt über sein Volk schalten, wie der Schäfer über seine Herde. Nichts war in den Augen des elenden Tyrannen heilig genug, um seine lüsterne Natur zu zähmen." Widerspruch? Wer wollte sich schon peinigen, mit glühenden Zangen brennen, mit scharfen Messern die Haut abziehen oder über die Mauer zu Tode stürzen lassen.

Nicht weit von diesem Markt- aber auch Richtplatz entfernt grünt und blüht es. Ein Park lockt zum Spaziergang. Ein alter Mann sitzt an einem sonnigen Plätzchen im Gras und hütet zwei Ziegen, die er an langen Leinen hält. Junge Pärchen bummeln verliebt über die Wege. Ein Rosengarten steht noch immer in voller Blüte, obwohl die zweite Hälfte des Oktobers bereits angebrochen ist.

Ich erblicke eines der vielen Wasserbassins, die vor langer Zeit angelegt wurden. Darin spiegelt sich ein wunderschönes Gebäude – das Mausoleum der Samaniden. „Auf dem Gelände eines ehemaligen

Friedhofs befindet sich das wohl bemerkenswerteste, älteste, wertvollste und in seiner Art vielleicht auch das schönste der in Zentralasien noch erhaltenen Bauwerke." Treffender als mit Klaus Panders Worten kann das Grabmal nicht beschrieben werden.

Steht es auf den Fundamenten eines ehemaligen Feuertempels der Anhänger Zarathustras? Wollte der Samanide Ismail ibn Ahmad mit seinem Grabmal ein Zeichen setzen und den Islam über den Gott des Lichts stellen? Das Rätsel mag ungelöst bleibe. Eines ist jedoch offensichtlich: In diesem im 9. Jh. errichteten Mausoleum wurde erstmals ein Führer der islamischen Welt über der Erde und nicht in und damit unter der Erde begraben. Ein Ausdruck der Macht? Die Hoffnung auf Huldigung und Verehrung nach dem Tod? Ich versuche, keine weiteren Gedanken darüber zu verlieren und den Zauber dieses schönen Bauwerks und des Augenblicks in mir aufzunehmen.

Mausoleum der Samaniden

Brunnen des Hiob

Der Park mit dem Grabmal und den Rosenbüschen wird vom Shakhrud Kanal begrenzt. Wir gehen über eine Brücke und weiter bis zu dem kleinen, nüchternen Platz dahinter.

Wie feinfühlig die früheren Generationen mit dem Wasser, dem Leben spendenden Nass, umgegangen sind, bringt der dort stehende schlichte Kuppelbau zum Ausdruck. Er wurde über einer Quelle errichtet, die Hiob der Legende nach mit einem Stab aus dem Felsen geschlagen haben soll. „Im Lande Uz lebte einst ein Mann mit Namen Ijob." Mit diesen Worten beginnt das nach seiner zentralen Gestalt benannte Buch Hiob, einem äußerst bemerkenswerten Kapitel der

Bibel. Wo sich dieses Uz befand, in dem der fromme und gerechte Hiob lebte, wird nicht beschrieben. Die Bibelforscher siedeln es in der Nähe des Zweistromlandes an und für die gläubigen Muslime fand das Ereignis hier statt.

Der Masar Tscheschme Ajub genannte Bau überdeckt nicht nur den Brunnen Ajubs, also Hiobs, sondern auch einen Grabraum, wie wir beim Betreten sehen. Pilger kommen von nah und fern herbei. Sie trinken von der Quelle, sprechen dabei Gebete und erhoffen sich die Reinigung ihrer Seele. Auch Ali greift zu einem der bereitstehenden Becher und nimmt einen Schluck. Aus Furcht vor einem üblen Gewitter im Magen- und Darmbereich belassen wir es bei der Bewunderung der heiligen Stätte.

Buchara ist eine Oasenstadt. Doch Wasser gab es nie im Überfluss. Der Sarafschan bildet in der Nähe ein Delta, bevor seine Arme in der Wüste Kisilkum versiegen. Rechtzeitig vorher wird dem Fluss Wasser entzogen und über einen Kanal in die Stadt und auf die umliegenden Felder gebracht. Weitere und größere Kanäle führen seit Jahrhunderten Wasser vom Amudarja heran – die eigentliche Basis der Landwirtschaft. Das wirft seit der 1991 erreichten Selbständigkeit Usbekistans Probleme auf, denn das Bett des Oxus liegt in Turkmenistan und Streitigkeiten um die Wasserechte gehören zur Tagesordnung. Usbekistan nimmt einen vorderen Platz in der Liste der Baumwolle produzierenden Länder der Welt ein. Auch die Nachbarländer Kasachstan und Turkmenistan unterhalten Baumwollplantagen und betreiben eine intensive Landwirtschaft. Und die Pflanzen verbrauchen Unmengen von Wasser. Hinzu kommt, dass die urbar gemachte Wüste salzhaltig ist, was noch mehr Wasser erfordert, um das Salz auszuschwemmen.

Der Raubbau hat verheerende Folgen. Der Amudarja und der Syrdaria erreichen den Aralsee nur noch als unbedeutende Rinnsale. Die Folge: Der Aralsee ist bereits zu einem Drittel ausgetrocknet. Weite Landstriche drohen zu versteppen und zu versalzen. Eine nicht wieder gutzumachende Umweltkatastrophe. Umweltschützer warnen vor den Folgen des Raubbaus und die Zeitungen erinnern häufig an die bereits eingetretenen Schäden.

Als Mahnung legen wir ein Friedensteil des Kunstprojektes „World Wide Art for human rights and peace" am Lüftungsfenster des Baus über dem Hiobsbrunnen nieder.

Der letzte Emir von Buchara war Said Alim Khan. Bis zu seiner Abdankung im Jahre 1920 regierte er im Stil eines Feudalherrn. Sklaverei und Kinderarbeit war eine Säule der Wirtschaft. Der Staat kontrollierte alles und jeden. Die Sittenpolizei verhielt sich willkürlich. Die Verhältnisse in den Gefängnissen waren grauenerregend. Die Todesstrafe wurde bereits bei geringfügigen Verbrechen verhängt.

Zur Entspannung zog sich der beleibte Despot mit Vorliebe in seinen Sommerpalast zurück, der als Ort beschrieben wird, „wo Mond und Sterne einander begegnen." Ein schönes und zugleich trügerisches Bild.

Der Palast selbst: Eine stilistische Mischung aus St. Petersburger Barock, persischer Malerei, bayrischen Kachelöfen und zwei chinesischen Wächterlöwen vor den Stufen des Haupteingangs.

Natürlich durfte ein Harem nicht fehlen. Er steht auf der Westseite, dem Abendlicht zugewandt. Davor ein reichlich großes Wasserbassin, dahinter üppig bepflanzte blühende Gärten in Sichtweite. In der ersten Etage waren vier geräumige Zimmer mit Zugang zur Terrasse den erlaubten vier Ehefrauen vorbehalten. In den unteren, nicht minder eleganten Zimmern hielten sich die Konkubinen auf, deren Zahl schwanken konnte, aber immer groß war.

Wie Ali berichtet, war sein Großvater als Beamter beim letzten Emir beschäftigt. Diesen Hinweis gibt er nicht von ungefähr. Er soll die Glaubwürdigkeit der folgenden, nicht ganz glaubwürdig klingenden Geschichte erhärten: „Wenn die Lust über ihn kam, schickte er die Frauen seines Harems zum Baden in das Becken. Von der Terrasse beobachtete er ihr Treiben. Konnte er sich für keine von ihnen entscheiden, warf er einen Apfel unter sie. Wer den Apfel auffing, durfte dem Khan die Frucht des Paradieses bringen und die Nacht bei ihm verbleiben. War er besonders gut aufgelegt, dann drückte er noch vor dem Wurf einen mit Edelsteinen besetzten Ring in das Fleisch des Apfels – die Belohnung als Vorschuss."

Die Audienz

Buchara, noch heute ein bedeutender Handelsplatz, war einst ein wichtiger Knotenpunkt der alten Karawanenwege. Hier kreuzten sich die Ost-West-Route aus China, die über Samarkand kommend weiter nach Merw und Persien führte, und eine Süd-Nord-Tangente, die von Indien und Afghanistan über Buchara und den Aralsee bis nach Eurasien reichte. Die Menschen, die in den ausgedehnten Steppen und Wüsten lebten und die Händler, die von Ort zu Ort zogen, waren extremen Bedingungen ausgesetzt. Wasser konnten sie nur in den Oasen und versteckten Quellen schöpfen. An den Sommertagen glühte die Sonne mit 30 bis 40 Grad auf sie herab. In den Nächten kühlte die Temperatur schockierend ab; in den Wintermonaten weit unter den Gefrierpunkt. Regen fiel selten, und wenn doch, verschlammten die Wege in den Wüsten und wurden unpassierbar.

Wer macht uns das Leben so schwer? Der Mensch an sich, das Leben und der Sinn des Lebens waren ihnen ein Rätsel. Erst recht die Frage nach dem Danach? Gibt es ein Jenseits? Gleicht es dem Diesseits? Darf der Mensch ein Paradies erhoffen?

Sie verehrten die Sonne, den Mond und die Sterne und fühlten sich von bösen Geistern bedrängt. Schamanen spielten die Vermittler zwischen dem Diesseits und dem Jenseits und den Ahnen. Sie versetzten sich und ihre Zuhörer in Trance und Ekstase, während sie als Medizinmann und Heiler auftraten oder als Wahrsager und Zauberer zwischen den Lebenden des Diesseits und dem darüber sich wölbenden Himmel oder der finsteren Unterwelt vermittelten.

Die Perser unterjochten lange vor der Zeitenwende die Nomaden und die Sesshaften in Zentralasien. Sie brachten Zarathustras Lehre von Ahura Mazda mit, dem weisen Herrn, der die Welt erschuf, in der der gute Gott gegen den bösen Teufel kämpft. Man sang Loblieder am Feueraltar und sammelte Kraft gegen die Versuchung des Teufels.

Mani, ein anderer Perser, verkündete das Reich des Lichts, dem die Dämonen der Finsternis gegenüberstehen. Nach Reinheit und Askese sollte man streben. Schwierige Aufgaben für einfache Menschen, die Tag für Tag ums Überleben zu kämpfen hatten.

Den Karawanenwegen folgten eines Tages Prediger, Moralisten und Mönche. Sie verbreiteten die Kunde von sehr unterschiedlichen und fremdartigen Religionen: Von der göttlichen Trinität der Hindus mit Brahma, Shiva und Vishnu, von der Lehre des chinesischen Moralisten Laotse, der von der ‚sinnenden Seele' sprach und empfahl, nach innen zu leben, und schließlich von der Lehre Buddhas, der den achtgliedrigen Weg zum Eingang ins Nirwana aufzeigte. Viele Anhänger fanden die Verfechter dieser Religionen in Zentralasien jedoch nicht.

Die Parther herrschten von Nisa aus in jener Zeit, zu der Jesus in Bethlehem geboren wurde. Seine Lehre, die Nächstenliebe des Christentums, verbreitete sich von Paulus vorangetrieben wie ein Lauffeuer. Die Zentren der weltlichen Macht – Rom, Byzanz und Alexandria – waren die wichtigsten ersten Ziele, die christianisiert werden sollten und auch wurden. Östlich des Mittelmeers, nach Arabien, Persien und darüber hinaus, drangen die christlichen Missionare nicht vor, oder sie hatten dort keinen Erfolg.

Diesen weißen Fleck auf der Landkarte nutzten einige hundert Jahre später Mohammed und seine Gefolgsleute, die im siebten Jahrhundert begannen, den Islam zu verkünden. Sie, die Araber, islamisierten Kleinasien und den südlichen Mittelmeerraum bis zum Maghreb und wandten sich gleichzeitig weit nach Osten.

Tapferkeit galt als die oberste Tugend der Araber. Denn sie führten ständig Krieg. Wenn sie dabei den unterworfenen Völkern ihre Kultur und die neue Religion brachten, dann taten sie dies mit dem Schwert. Sie überredeten den Ungläubigen mit dem Dolch in der Hand und streichelten ihn mit der Lanze, bis er sich gläubig bekannte.

Die Arabische Invasion vollzog sich in den Jahren von 651 bis 874. Die Omaijaden in Damaskus, die Abbasiden in Bagdad und die Samaniden in Buchara bildeten das Ostiranische Großreich. Die von den Sassaniden als Staatsreligion verordnete Lehre Zarathustras wurde durch eine neue Staatsreligion abgelöst – den Islam.

Die neuen Machthaber überbauten die Feuertempel und errichteten ihre eigenen religiösen Symbole: Das Mausoleum der Samaniden hatten wir bereits besucht, ebenso die älteste Moschee Bucharas, die Mahak-e Attari, deren Anfänge aus dem 9. und 10. Jh. stammen. In der Altstadt fanden wir die prächtigen Medresen und Moscheen aus dem Mittelalter vor. Buchara entwickelte sich in dieser Zeit zu einem religiösen Zentrum des Islams – und blieb es bis heute. Hier hat das Oberhaupt der Sunniten seinen Sitz. Zum Abschluss unseres Aufenthalts in Buchara wurde ein Zusammentreffen mit ihm, dem Imam Gafurjon vereinbart, das in einer Klosteranlage stattfinden soll.

Wir verlassen die Stadt und fahren über Land zum Ort Kagan. Pappelalleen säumen den Weg. Gasvorkommen und Erdölfelder seien in der Nähe, teilt Ali mit. Chemisch erzeugter Fleischgeruch wird den Pipelines zugemischt, meint er weiter mit schelmischem Grinsen. Sollte ein Rohr leck werden, würden die Raubvögel den Weg zeigen. Fördertürme sind jedoch nicht auszumachen; Raubvögel auch nicht. Was wir sehen, sind unendliche Baumwollfelder; teils trocken, teils feucht, teils frisch bewässert – Wasser verschlingende Monokultur.

Wir begegnen Lastwagen, die Waren nach Buchara bringen. Vor noch nicht einmal hundert Jahren transportierten die Bauern, Händler und Handwerker ihre Lasten noch mit Fuhrwerke, vor die Ochsen, Pferde oder Esel gespannt waren. Auch Kamelkarawanen zogen noch vorüber. Jetzt beherrscht auch hier die Neuzeit die Straßen.

Lange sind wir nicht unterwegs. Nach etwa zwanzig Minuten taucht am Straßenrand ein von Bäumen umgebener Gebäudekomplex auf – das Zentrum einer Derwisch-Bruderschaft, wie uns erklärt wird, ein Ort großer Mystik.

Unwillkürlich muss ich an eine viele Jahre zurückliegende Reise in den Libanon denken. Dort nahmen wir an einer spirituellen Zeremonie der Derwische teil. Trommeln trieben die Tänzer an, die sich gleichmäßig und immer schneller werdend drehten und drehten, bis sie in Ekstase und schließlich in Trance fielen.

Wir halten auf einem großen Parkplatz inmitten von Autos, Bussen, Motorrädern und Transportern. Wie ich feststellen kann, sind wir nicht die einzigen, aber die einzigen fremden Besucher. Zahlreich strömen die Menschen von allen Seiten herbei und drängen durch das Einganstor in das Innere der Ordensgebäude. Heute ist Freitag, der Tag des Gebets für alle Muslime, der von vielen für eine Pilgerfahrt zum Kloster in Kagan genutzt wird.

Die Klosteranlage wurde nach ihrem Gründer Bahauddin Nakschbandi benannt, der hier begraben liegt. Seine Anhänger erbauten ihm ein Grabmal und errichteten ringsum zahlreiche rituelle Gebäude. Der Chanaka genannte Kuppelbau überragt alle anderen. In ihm befindet sich die alte Herberge für die Pilger. Sie umschließt unter seiner sternförmigen Kuppel einen zentralen Gebetsraum. Zwei Moscheen, ein Minarett, davor der Reinigungsbrunnen, ein Wasserbassin und das kleine Mausoleum runden das Ensemble ab. Weitere Schlafräume entdecken wir daneben; getrennt für Männer und Frauen.

Wohltuende Ruhe liegt über der heiligen Stätte. Keine Musik, keine Trommelschläge, keine tanzenden Derwische. Der Sufi Bahauddin Nakschbandi predigte das stille Gedenken an Gott und lebte es vor. Die Pilger versammeln sich in den Moscheen oder auf den überdachten Galerien davor. Sie lassen sich im Kreis auf Teppichen und Kissen nieder und lauschen den Worten der Vorbeter. Diese rezitieren Suren. Einige Strophen werden gesungen, andere von den Gläubigen mitgesprochen oder wiederholt.

Das Grabmal wird dreimal umrundet, so wie die Kaaba in Mekka. Nicht jeder Moslem hat das Geld, um die weite Reise anzutreten und als Hadschi zurückzukehren. Sie pilgern hierher zur kleinen Walfahrt. Einige von ihnen suchen auch den Stamm eines sehr alten und von der trockenen Wüstenluft konservierten Maulbeerbaumes auf, der hinter dem Bassin im Garten liegt. Auch dieser wird mehrfach umrundet und berührt, fast liebevoll gestreichelt. Ein Bisschen Aberglaube des längst überkommenen Schamanentums scheint hier noch mitzuschwingen.

Ali und Muzaffar bitten uns, sie jetzt zu begleiten. Die Uhr zeigt kurz vor elf. In wenigen Minuten wird der Empfang stattfinden.

Wir ziehen die Schuhe aus und betreten durch den Iwan den Moscheeraum der Chanaka. Vor der Gebetsnische lassen wir uns voll Erwartung im Halbkreis auf den Teppichen nieder.

Ein Mann im braunen Anzug betritt die Moschee durch ein seitliches Portal. Es ist der oberste Mullah des Ordens. Wir würden ihn Abt nennen. Er stellt sich vor die Stufen, die zum Minbar hinaufführen, dem Predigtstuhl, begrüßt uns im Namen Allahs und erzählt die Geschichte des Ordens. Er spricht vom asketischen Leben des Sufi und findet dankbare Worte über die Restaurierung der Gebäude, die durch großzügige Spenden gelang. Muzaffar übersetzt. Sein sprachliches Können ist bewundernswert. Mehrfach begleitete er seine Mutter, die als Dolmetscherin für Deutsch tätig ist, nach Berlin und bei Besuchen deutscher Kommissionen in Usbekistan. Mit großem Stolz hatte er erzählt, dass er auch dem Bürgermeister von Taschkent bei deutschen Besuchern assistiert.

Dann ist es soweit. Der Imam betritt den Versammlungsraum durch das seitliche Portal, durch das bereits der Mullah kam, und stellt sich neben diesen unter die Kanzel. Er beginnt sogleich mit den Worten, die auch den Suren des Korans voran stehen:
„Bismillahi r-Rahmani r-Rahim!"
Muzaffar lässt diese arabisch gesprochenen Worte im Raum klingen, ohne sie zu übersetzen. Sie bedeuten: „Im Namen Allahs, des Barmherzigen, des Erbarmers!"

Der Imam von Buchara, r.

Die Worte hallen, durch die Lautsprecher der akustischen Anlage verstärkt, lange nach, brechen sich in der Kuppel und schweben wie Sphärenklänge über uns. Der Imam wartet noch einige Sekunden, bevor er sich mehr hin zur Mitte der Gebetsnische begibt. Von dort begrüßt er seine Gäste weltmännisch und stellt fest: „Sie sind bereits weit in Usbekistan herumgekommen. Bestimmt haben sie viele Fragen. Wir beantworten sie Ihnen gerne."

„Sind Sie als Imam ausschließlich für Buchara oder auch darüber hinaus zuständig?", stellt jemand beherzt die erste Frage.

„Der Staat Usbekistan wurde als Republik 1991 gegründet, demokratisch organisiert und in vierzehn Provinzen gegliedert. Für jede Provinz ist ein Imam zuständig. Ich bin Imam von Buchara."

„Der Republik steht ein Präsident vor. Gibt es vergleichbar dazu auch einen obersten Imam?", ergänzt der Frager.

„ Nein. Wir treffen uns drei bis vier Mal im Jahr, besprechen unsere Probleme und tauschen Meinungen dazu aus. Jeder trifft jedoch für seine Zuständigkeit seine eigenen Entscheidungen."

„Und wie muss man dies über die Länder hinweg sehen? Gibt es, dem Papst der katholischen Kirche vergleichbar, ein oberstes weltweites Gremium oder gar einen Welt-Imam?"

„Nein, auch das nicht. Von Zeit zu Zeit werden Treffen der Imame mehrer Länder organisiert. Auch dabei werden Meinungen ausgetauscht und Lösungsvorschläge besprochen. Jeder Imam zieht jedoch für sich seine Schlüsse."

Ich melde mich zu Wort, um ein anderes Thema anzusprechen: „Wie wir hörten und auch sahen, leben in Usbekistan Sunniten und Schiiten friedlich zusammen. In anderen Ländern ist dies nicht der Fall." Ich mache eine Pause, um Muzaffar Zeit zur Übersetzung zu lassen. Dann fahre ich fort: „Können Sie beobachten, dass die Schiiten benachbarter Länder versuchen, auf die Gläubigen in Usbekistan Einfluss zu nehmen?" Wieder warte ich die Übersetzung Muzaffars ab. „Oder, um es noch deutlicher zu sagen: Versuchen die konservativen, fanatischen Perser ihren Einflussbereich nach Osten auszudehnen?"

Der Imam überlegt ein weinig, wiegt den Kopf und kommt zur Antwort: „Usbekistan ist ein selbständiges Land. Hier leben nicht nur Sunniten und Schiiten respektvoll zusammen, sondern auch Christen und Angehörige anderer Religionen. Probleme untereinander haben wir nicht und wir alle sind darauf bedacht, unsere Selbständigkeit nach innen und nach außen zu wahren. Dabei pflegen wir die mehr liberale Tradition des Islam."

Wer Zurückhaltung oder gar Verschlossenheit erwartet, der wird überrascht. Der Imam beschreibt sein Land polyglott und weltoffen, wenn auch auf sehr diplomatische Weise. Er wendet sich Muzaffar zu, dem er sagen lässt: „Die Zeit des Imam ist leider sehr begrenzt. Er beantwortet jedoch gern eine letzte Frage."

Die wird sogleich gestellt. „Welchen Gedanken geben Sie als Oberhaupt der Muslime Bucharas uns Fremden mit auf den Weg?"

„Ihre Wünsche sollen in Erfüllung gehen. Ihr Leben soll friedlich verlaufen." Beides unterstreicht er mit einer Handbewegung. „Besonders wünsche ich Ihnen, dass Ihr Leben so verläuft, wie Allah es möchte." Kaum hat Muzaffar den letzten Satz übersetzen und einen kurzen Dank in unserem Namen anschließen können, nickt der Imam uns zu, schlägt dabei seinen langen, offenen Mantel übereinander und verlässt schnellen Schrittes die Moschee durch den seitlichen Iwan.

Draußen mischt er sich unter die Gläubigen, die dem Ausgang der Klosteranlage zustreben. Ich sehe seinen weißen Turban in der Menge leuchten und eile voraus. Mit meiner Kamera signalisiere ich, dass ich ihn fotografieren möchte. Geduldig bleibt er stehen. Mit leicht erhobener Hand deutet er mir an, ich solle warten. Er zieht erst noch den Mullah an seine Seite, der anstelle des traditionellen Käppis eine weiße Baseballmütze trägt. Weiß, wie der Turban des Imams, auf dessen Posten er möglicherweise eines Tages spekuliert.

Ich knipse die beiden. Meinen Zuruf „Vielen Dank" beantwortet der Imam mit einem Lächeln.

Um 20.00 Uhr setzt sich unser Sonderzug fahrplanmäßig in Bewegung. Meine Frau und ich nehmen als Erste die Plätze im Speisewagen ein. Der Durst treibt uns an. Kurz darauf gesellen sich unsere Tischnachbarn dazu. Dieses Mal ist „Schöner wohnen im Taunus" nicht das Thema. Die Erlebnisse aus 1001 Nacht in Buchara und die Audienz beim Imam beflügeln unsere Zungen – und der Wein, den wir zu dem exotisch klingenden Abendessen bestellen. „Womit werden wir heute vergiftet?", frage ich Alexander, der wie immer gut aufgelegt zusammen mit Sergej die Szene beherrscht. „Was um Gottes Willen verbirgt sich hinter Sabsavotli und Tschachochbili?" „Keine Angst. Wir servieren Ihnen zuerst eine Gemüsesuppe nach usbekischer Art und als Hauptgericht einen Hähncheneintopf mit Tomaten und viel Paprika gewürzt."

Dazu wird wie immer Fladenbrot gereicht – mal einfaches, mal mit Kräutern in der Kruste, mal mit Sesam bestreutes und mal mit Hackfleisch und Zwiebeln gefülltes. Einfach köstlich, das Non!

*

Tschachochbili – Hähnchen in Tomatensoße
1 Brathähnchen
500 g reife Tomaten
1 rote Paprika
1 Apfel
1 Bund Petersilie, 3 Zwiebeln, 3 Knoblauchzehen, 1 Zitrone
¼ l Apfelsaft
¼ l saure Sahne
Salz, Pfeffer, Paprika oder Chili
4 EL Öl und 1 Brise Mehl
Hähnchen waschen und in Stücke zerteilen. In einem Topf mit Salz, Pfeffer und Paprika würzen, mit Zitronensaft beträufeln und 1 in Scheiben geschnittene Zwiebel, 1 grob geschnittene Knoblauchzehe, die gehackte Petersilie und 2 EL Öl untermischen. Dann 24 Stunden marinieren lassen.
In einem zweiten Topf 2 EL Öl erhitzen, die abgetropften Stücke des Hähnchens zusammen mit den in Scheiben geschnittenen Zwiebeln scharf anbraten. Dann mit dem gehackten Knoblauch, Paprika, Salz und Pfeffer würzen und mit dem Apfelsaft und der Marinade löschen. Die in Streifen geschnittene rote Paprika hinzugeben und zugedeckt garen.
Zum Schluss die saure Sahne und den geriebenen Apfel unter den Bratensaft mischen, mit einer Brise Mehl leicht binden und mit Salz, Pfeffer und Paprika oder Chili nach Geschmack würzen – Guten Appetit!

*

Salate
Dilbar   - Kartoffeln, Bohnen, Gurken mit gekochten Eiern
Atschutschuk - Tomaten, Gurken, Rettich und viel weißer Pfeffer
Assijas   - Rote Beete

Suppen
Sabsavotli   - Gemüsesuppe
Ugra-Osch   - Hühnersuppe mit Nudeln und Sauermilch
Maschhurda   - Erbsensuppe

Spezialitäten
Manty/Manti   - Gekochte Teigtaschen mit Lammhack oder Zwiebeln
                oder Gemüse gefüllt – mit Yoghurt oder Minze als Dip
Samsa   - Gebackene Teigtaschen mit Fleischhack etc. gefüllt
Lagman   - Mittelbreite Nudeln mit Fleisch- oder Gemüsesoße
Hasyp   - Brühwurst aus Fleisch, Reis und Gewürzen
Kazy   - Pferdewurst

Orient pur inmitten der Wüste – Chiwa

In der Nacht durchquerte der Zug den Westen der Wüste Kisilkum. Die Strecke von Buchara nach Urgentsch wird mit 519 km angegeben. Von dort sind es weitere 35 km bis zur Wüstenstadt Chiwa, dem heutigen Ziel.

Raissa übernimmt das Wecken. Sie klopft sanft an der Tür des Abteils und stellt den „EMT" auf das Tischchen, den Early Morning Tea. Das Frühstück gäbe es bereits ab 07.20 Uhr, lässt sie wissen.

Ich bin schon angezogen und mache mich auf den Weg zu meinem Lieblingsplatz. Die Tür am Wagoneinstieg des Speisewagens bleibt immer dann geöffnet, wenn in der Küche daneben gearbeitet wird. Ein eingehängtes, brusthohes Gitter sorgt für die nötige Sicherheit. Ich lehne mich an den Türrahmen und genieße die hereinströmende frische Luft des Morgens. Die ersten Strahlen der Sonne blenden. Die vom Wind geformten Wellen der sandigen Landschaft werfen lange Schatten. Kisilkum bedeutet „Roter Sand". Man muss schon genau hinsehen, um einen rötlichen Schimmer auszumachen.

Der Zug nähert sich dem Flussbett des Amudarja. Die Landschaft wird grüner und der Bewuchs dichter. Unter all den Viehherden kann ich einige Kamele erkennen. Ohne die zweihöckrigen Trampeltiere wären die Karawanen von einst nicht denkbar gewesen. Heute werden sie als Lasttiere nur noch selten eingesetzt. Auf dem Lande und in den Steppen werden ihr Fleisch, die Milch, das Fett, die Wolle und das Leder immer noch hoch geschätzt. Sogar der Mist findet Verwendung, als Brennmaterial oder vermischt mit Stroh zum Bauen. In den Randgebieten der Wüsten Gobi und Taklamakan sollen noch einige hundert wilde Kamele leben.

Am anderen Ende der Seidenstraße, in den arabischen Ländern des Mittelmeers, stießen die Kamele auf die dort heimischen Dromedare. Auch die waren in alten Zeiten als Lasttiere auf den Karawanenrouten unterwegs. Die Weihrauchstraße führte von Oman am Persischen Golf über Sanaa, Medina und Petra bis ans Mittelmeer. Heute dienen die Dromedare meist der Polizei als Reittiere und den reichen arabischen Scheichs als Renntiere. Auf den Dörfern werden vielfach noch immer sieben Kamele als Brautgeld für eine Frau verlangt – eine Jungfrau, wie sich von selbst versteht.

Eine Kreuzung von Kamelen und Dromedaren sei möglich, erzählte mir vor einigen Jahren ein tunesischer Züchter auf dem Kamelmarkt von Nabeul in Tunesien. „Aber keine Angst", gab er damals zum Besten. „Kapriolen schlägt die Natur nicht. Der Nachwuchs hat keine drei Höcker."

Wenige Kilometer vor Urgentsch überquert die Trasse der Eisenbahn den Unterlauf des Amudarja. Er führt mehr Wasser, als ich befürchtete. Trotzdem sind die Mengen, die von ihm und dem weiter nördlich zufließenden Syrdarja den Aralsee erreichen, nicht ausreichend, um dessen langsame Austrocknung zu verhindern.

Auf der anderen Uferseite beginnt die Wüste Karakum, die bis zum Kaspischen Meer und im Süden an die gebirgige Grenze Persiens reicht. Der Amudarja mäandert in dem Gebiet, das wir jetzt durchfahren. Kanäle führen von ihm ab, die zusammen mit kleinen Nebenflüssen und Seen den Menschen eine landwirtschaftliche Nutzung der sonst sehr trockenen und salzigen Wüste ermöglichen.

Einst befand sich hier das Zentrum eines uralten antiken Königreiches mit dem Namen Choresmien, was Gute Erde heißt. Die Perser verleibten es sich im 6. Jh. v. Chr. ein, die Mongolen zerstörten es im 13. Jh. und von 1520 bis 1920 war es unabhängiges Khanat mit der Hauptstadt Chiwa.

In Urgentsch steigen wir aus. Vom Bahnhof und einem Flughafen abgesehen, hat diese Provinzstadt keine besondere Bedeutung vorzuweisen. Wir halten uns deshalb nicht lange auf und fahren mit dem Bus hinaus zur Wüstenstadt Chiwa.

Wer kann sich frei von Albträumen sprechen? Es gibt wohl kaum jemanden, der nicht schon einmal schweißgebadet aufgewacht wäre, mit einem entsetzlichen Druck auf der Brust und von Angstzuständen geplagt! Ursachen dafür sind viele denkbar. In mir werden längst verdrängte Erinnerungen wach, als ich in meinem Reiseführer nachlese, vor wessen Denkmal ich stehe. Al-Choresmi wird der in Bronze gegossene alte Mann kurz genannt, Muhammad ibn Musa, Sohn des

Musa, aus Choresmien. Er war im 9. Jh. als Mathematiker und Astronom tätig. Er führte die Zahl Null ein. Er verfasste als Erster ein Buch über Algebra und das Rechnen mit Dezimalstellen. Und er entwickelte die Rechenschritte, den Algorithmus, mit dem quadratische Gleichungen gelöst werden können. Das war es, was mir wie ungezählten anderen das Leben als Schüler erschwerte. Musste das alles sein? Nun ja, wäre er es nicht gewesen, hätte die mathematischen Kunststücke vermutlich ein anderer entdeckt oder erdacht. Nachdenklich wird er dargestellt, und gebeugt. Vor Gram über das Kopfzerbrechen das er so vielen auf der Welt bereitete?

Al-Choresmi
„Mister Algebra"

Das Denkmal des Al-Choresmi steht vor dem Westtor der Stadtmauer Chiwas. Beeindruckt blicken wir hinauf zu den Zinnen und hinüber zum höchsten Punkt, zur Festung Kohne Ark. Ein gewaltiges Bauwerk. Aus luftgetrockneten Ziegeln errichtet. Beigebraun wie der Sand der Wüste, in der die Mauer mit der Stadt dahinter steht. Etwa 4.000 Menschen leben hier. Die Elektrizität hat Einzug gehalten. Die Wasserversorgung wurde modernisiert. Sonst blieb alles beim Alten. Fast. Den Emir gibt es nicht mehr. Und der Bürgermeister residiert außerhalb, im neueren Viertel.

Ein Minarett dominiert die Altstadt. Der wuchtige Bau erinnert mich an die Dicke Bertha, einem Geschütz aus dem Ersten Weltkrieg, das nicht hielt, was sich die Heerführung von ihm versprach. Die Durchschlagskraft war zu gering. Das Kalta Menar, das Kurze Minarett, verfehlte ebenfalls sein Ziel. Der Erbauer, der Emir von Chiwa, wollte bis nach Buchara schauen können. Rund einhundert Meter hätte das Minarett hoch werden müssen, um dort das nächtliche

Leuchtfeuer zu erspähen. Nach 28 m ging das Geld aus. Oder haben ihn die religiösen Eiferer gestoppt, die befürchteten, der Bau würde den Sphären Allahs zu nahe kommen?

Wir wandern durch die alten Straßen und über die kleinen Plätze und Anlagen – alles penibel sauber. Nichts, aber auch gar nichts liegt hier auf dem Boden.

Bei den Mützenverkäufern machen wir Halt. Die Sonne scheint, aber der Wind pfeift eiskalt. Sieben Grad soll das Thermometer zeigen. „Gefühlte fünf Grad", stellt Nargiza lakonisch fest. Wer hätte gedacht, in der Wüste frieren zu müssen. Meine Frau und ich sind falsch angezogen. Die Sonne hatte uns im wahrsten Sinne des Wortes geblendet. Die Pullover halten sich gegenseitig warm – im Koffer. Ich kaufe trotzdem keine Fellmütze.

Hochzeitsmusikanten

Die Einheimischen tragen sie gerne. Mützen aus schwarzem oder grauem Persianer sind am beliebtesten, wie wir auch bei zwei Musikanten sehen können, die einem Hochzeitszug voranschreiten. Der eine spielt eine Surnai, eine Art einheimische Klarinette, der andere schlägt den Rhythmus auf dem Tamburin, der Doira.

Irgada begleitet uns auf der Runde als örtliche Reiseleiterin. Ihre halbrussische Abstammung ist nicht nur zu sehen, sondern auch zu hören. Das Stakkato ihrer Aussprache macht das, was sie mitteilen will, schwer verständlich. Sie führt uns zu den besonders sehenswerten Medresen, zur alten Palastmoschee mit ihrer großartigen Holzschnitzkunst, durch die engen Gassen mit den Wohnhäusern, vor denen Kinder spielen, zur Koranschule, aus der gerade ein frisch vermähltes Paar tritt, und schließlich zu einem erhöhten Platz im Herzen Chiwas: Vor uns die größte Medrese der Stadt. Zur Linken

der Palast des Emirs. Dazwischen die Karawanserei mit dem über-
kuppelten Basar. Alle drei Bauwerke tragen den Namen des Emirs
Alla-Kuli Khan. Hier spielte sich nebeneinander das pralle Leben ab:
Residieren und Herrschen, Lehren und Beten, Reisen und Handeln.

Mir kommt die Internetseite der Stadt Chiwa in Erinnerung, die ich
in Vorbereitung dieser Reise anklickte:
„Chiwa! Wie warm und heimatlich klingt dieses Wort im Herzen des
usbekischen Volkes! Chiwa – Eine Perle des Orients!
Das ist heiliges Land und die Geburtsstätte vieler Berühmtheiten, wie
Al-Choresmi und Al-Biruni.
Die Stadt feierte 1997 bereits ihr 2.500-jähriges Jubiläum.
Machen Sie sich bekannt mit der reichen historischen Vergangenheit
unserer Stadt, mit dem klaren Himmel und den märchenhaften Ge-
bäuden – Sie werden ihren Augen nicht trauen.
Es ist eine große Ehre, in Chiwa geboren zu sein, dort zu leben und
zu arbeiten.
Ich heiße Sie herzlich willkommen!
Davron Allakuliev
Bürgermeister der Stadt Chiwa"
Die, wie er sagt, märchenhaften Gebäude sind voller Leben. Die Ko-
ranschule und ihre Moschee werden wie eh und je von zahlreichen
Gläubigen besucht, auch von Touristen – meist einheimischen, wie
mir auffällt. Im überkuppelten Basar und der Karawanserei herrschen
Gedränge und ohrenbetäubender Lärm. Nur wer sich auskennt, kann
sich im Heer der Händler, im Gewirr der Gassen und Verkaufsstände
und dem Irrgarten der Gänge und Gewölbe zurechtfinden. Der Geruch alten Leders, von Holz und Teppichen, von Gemüse, Gewürzen
und Garküchen mischt sich mit dem von den Menschenmassen auf-
gewirbelten Staub. Kamele, Dromedare und Esel sind verschwunden.
Die Waren werden mit Fahrrädern, Autos und Kleinlastern transportiert – von Menschen wie du und ich, die sich freuen, dass die Geschichte inzwischen allen die Freiheit gebracht hat. Denn vor noch
nicht allzu langer Zeit blühte der lukrative Handel mit Sklaven auf
dem von den märchenhaften Gebäuden umgebenen erhöhten Platz,
auf dem ich gerade meinen Gedanken nachgehe. Noch Anfang des
20. Jh. wurde hier Menschenhandel betrieben – mit den Kindern von
Sklaven, mit herbeigebrachten Schwarzafrikanern und willkürlich ge-

fangen genommenen Asiaten. Die meisten mussten niederste Zwangsarbeit verrichten. Einige ‚auserwählte‘ Frauen fanden sich im Harem hinter den hohen Mauern am Rande des Sklavenmarktes wieder und gut aussehende, groß gewachsene Männer hatten, ihrer Männlichkeit beraubt, als Eunuchen die Damen des Harems zu bewachen und zu bedienen. Erst 1910 stellte der Emir von Chiwa unter dem Druck der russischen Kolonialmacht die Sklaverei ein.

Zehn Jahre später verlor das Khanat von Chiwa seine Selbständigkeit und wurde als Volksrepublik Choresmien Teil der Sowjetunion.

Der Palast Tasch Hauli verlor in den folgenden Jahrzehnten seine Bestimmung, seinen Reiz als architektonisches Meisterwerk jedoch nicht. Wir zwängen uns mit den vielen Passanten vorbei an den Händlern, die an der äußeren Palastmauer ihre Stände aufgeschlagen haben und finden uns gleich darauf im Inneren in einem Labyrinth von Gängen und Räumen wieder, die zum offiziellen Teil der ehemaligen Residenz gehörten. In den Höfen und Sälen wurden Empfänge gegeben, Streitigkeiten entschieden, Strafen verhängt, Besprechungen mit den Beamten, Steuereintreibern und Heerführern abgehalten, Entscheidungen getroffen und, wie könnte es auch anders sein, berauschende Feste gefeiert.

Noch mehr fasziniert der große Innenhof mit den privaten Räumen. „Überlegt gut und nehmt nur eine, zwei, drei, höchstens vier Ehefrauen… Oder lebt mit Sklavinnen, die unter euerem Recht stehen.“ Der Emir legte die Empfehlungen des Korans (4,4) für sich großzügig aus. Er „nahm“ vier Frauen, tauschte das „Oder“ mit einem „Und“ und hielt sich zahlreiche Sklavinnen als Nebenfrauen in seinem Harem.

Hinter fünf, der Morgensonne zugewandten Iwanen verbergen sich die Gemächer des Emirs und seiner vier Rechtmäßigen. Prunkvoll gestalteten die Künstler Wände und Decken. Sie bemalten das kostbare Holz der Verkleidungen, stellten geschnitzte Maulbeerbäume als Säulen auf und entfalteten mit ihren blaugrundig glasierten Fayencen eine orgastisch anmutende Pracht.

Die Damen des besonderen Vergnügens lebten zurückgezogener im ersten Stockwerk auf der gegenüberliegenden Seite des Hofes. Sie konnten von kleinen Balkonen die untergehende Sonne im Westen beobachten oder mitverfolgen, ob sich der Emir beliebte, eine der vier Frauen oder eine der Gespielinnen zur Bereitung freudiger Stunden zu rufen. Nicht nur die Haremsdamen mussten über den Hof zum Emir gehen, auch die Ehefrauen, denn Verbindungstüren zwischen ihren Zimmern und dem fürstlichen Gemach gab es nicht.

Die genaue Zahl der Frauen des Harems sei nicht überliefert. Doch bis zu hundert sollen es gewesen sein, weiß Irgada zu berichten. Hätte der gute Martin Luther von derlei Verhältnissen gewusst, wäre seine Empfehlung bestimmt anders ausgefallen. Denn bei „In der Woche zwier…" und gleich verteilter Zuneigung wäre jede der Frauen nur einmal im Jahr „gerufen" worden. Aber wer weiß, wozu ein Emir wohl fähig war.

In einem der Iwane spielt und tanzt eine kleine Folkloregruppe. Irgada macht auf die äußerst farbige Tracht und den mit Glasperlen und Silberschmuck behängten Kopfputz der choresmischen Frauen aufmerksam.

Tracht in Chiwa

Dann beginnt sie zu flüstern, als würde sie ein Geheimnis verraten. „Haben Sie die Goldzähne der älteren der beiden Frauen gesehen? Auf dem Lande und zum Teil auch in der Stadt ist es Brauch, dass die Männer ihren Frauen viel Gold schenken; nicht nur Armbänder und Halsketten, auch Goldzähne. Das erleichtert eine Scheidung, denn die Frau kann von diesem Schmuck einige Zeit leben." Und der Mann wird der Vorschrift des Korans (4,230) gerecht, der bei einer Ehescheidung bestimmt: „Dann müsst ihr die Frau mit Vermögen gütlich entlassen." Wir begegneten bereits vielen Frauen mit Goldzähnen auf dieser Reise. Offenbar sorgen die Männer in diesem Landstrich rechtzeitig für den Ernstfall vor.

Wir frieren immer noch und verspüren Durst. Auf die Frage, wo man einkehren kann, erwidern Nargiza und Irgada unisono: „Gehen Sie ins Restaurant im Osttor." Sie beschreiben den kurzen Weg dorthin. „Die Benutzung der Toiletten ist für Gäste des Restaurants kostenlos", ruft Irgada noch hinterher. Anscheinend hat sich der Spruch von Kaiser Vespasian bis nach Zentralasien herumgesprochen: „Pecunia non olet." Bei der Ankunft im Khorezm Art Restaurant lerne ich warum. Eine Tafel im Eingangsbereich verkündet: „Gemeinschaftsprojekt der Deutschen Botschaft Taschkent, des Deutschen Volkshochschulverbandes, des Deutschen Entwicklungsdienstes und dem Chiwaer Zentrum: Für die Entwicklung von Business und Tourismus entstand hier im Jahr 2008 das Khorezm Art Restaurant, ein Ausbildungszentrum für alle Gastronomiearbeiter." In guter deutscher Gründlichkeit wurde auch an das Inkasso auf dem WC gedacht.

Mineralwasser, Fruchtsäfte, Ayran, das ist wässriger Yoghurt, und verschiedene Sorten Tee werden angeboten. Wir bestellen Chai, wie Tee hier genannt wird, „Green Chai", und wärmen uns auf. Nach und nach treffen weitere Teilnehmer der Reisegruppe ein.

Gemeinsam machen wir uns auf den Rückweg über die alten Gassen. Bevor wir die Stadt wieder über das Westtor verlassen, steigen wir die Stufen der Zitadelle bis zur obersten Plattform hinauf. Irgada deutet auf ein unscheinbares Haus im nördlichen Teil der Wohnviertel. „Dort befindet sich ein Brunnen. Fremde, die vor langer Zeit hier durchzogen, machten an dieser Stelle Rast, um kühles, klares Wasser zu trinken. Erfrischt riefen sie ‚Chei-wach', was ‚Oh wie köstlich' bedeutet. Daraus entstand der Name Chiwa." Neugierig beobachtet sie unsere Reaktion. „Eine schöne Legende", ergänzt sie. „Meinen Sie nicht auch?"

Ein fünftausend Jahre alter Kulturboden befindet sich jenseits der Stadtmauer und beidseits des Amudarja, wie die ältesten Fundstücke beweisen, berichtet Irgada weiter. So alt sei auch ein Kalender, der hier schon vor der Zeitenwende die Zeit ordnete und das Jahr in 12 Monate mit 30 Tagen plus 5 weitere Tage einteilte. Er stammt von den Anhängern Zarathustras. In der heiligen Schrift Avesta hielten sie die Grundsätze ihres Glaubens fest. Der Schöpfergott Ahura Mazda lenkt die Geschicke der Welt, die er vor seinem Widersacher verteidigen muss, dem bösen Dämon Ahrimann. Die Erde, die Sonne und das Feuer wurden verehrt. Als Symbol ihrer Gottheit hüteten sie in den Feuertempeln eine heilige Flamme. Von der Tag- und Nachtgleiche ausgehend, bestimmte der Lauf der Sonne die Einteilung ihres Sonnenkalenders.

Die Ruinen der ältesten Siedlungen Choresmiens, Toprak und Ajas Kale, die ein Stück weiter nördlich in der Wüste Karakum liegen, können wir entgegen den ursprünglichen Plänen leider nicht aufsuchen. Ein schweres Unwetter verursachte vor einigen Wochen gewaltige Überschwemmung und die Flutwelle riss die einzige dorthin führende Brücke aus ihrer Verankerung. Das klingt paradox. Doch in den Monaten Oktober bis April sind Niederschläge hier keine Seltenheit und das Geld für eine rasche Reparatur fehlt.

Zum Ausgleich lassen wir uns etwas mehr Zeit zum Mittagessen. Wir nehmen es vor den Toren Chiwas im ehemaligen Sommerpalast des Emirs ein, der an einer leicht erhöhten und von den Winden gekühlten Lage steht.

Dann brechen wir zum Bahnhof und zur Weiterfahrt mit dem Sonderzug nach Samarkand auf. Irgada hat ihre Sache gut gemacht. Wir verabschieden uns dankbar von ihr und der Perle Chiwa inmitten der Wüste Karakum.

Turkestan – Grabmoschee Ahmed Yasawi

Taschkent – Heiliger Ort Hasrati Imam

Buchara – Medrese Mir-e Arab

Chiwa – Westtor und Minarett

Chiwa – Stadtmauer mit Festung

Samarkand – Registanplatz

Herrlich und edel – Samarkand

Als Ruy Gonzales de Clavijo, der Botschafter des spanischen Königs, 1404 am Hofe Amir Timurs in Samarkand eintraf, sah er nach seinen eigenen Worten „soviel Schönheit, dass man sie nicht beschreiben könnte." Er tat es doch und sein Tagebuch wurde zu einer großartigen Quelle unseres Wissens über das damalige Zeitgeschehen.

Marco Polo wiederum erzählte vom „herrlichen, edlen Sanmarcan". Er gab mit diesen Worten vermutlich den Bericht seines Vaters wieder, der wie wir der Faszination Samarkands erlag – eine der ältesten Städte der Erde und das älteste kulturelle Zentrum Zentralasiens.

Als die Germanen und andere Völker noch mit der Einwanderung nach Europa beschäftigt waren, wurden in den fruchtbaren Ebenen des Flusses Sarafschan bereits erste Siedlungen gegründet. Daraus entstand im 7. Jh. v. Chr., als Herzstück des Reichs der Sogder, auf den Hügeln Afrasiabs das antike Marakanda, das später als Samarkand Weltruhm erlangte.

Am 8. Tag unserer Reise treffen wir dort ein. Auf Schritt und Tritt finden sich Erinnerungen an die große Vergangenheit. Wie Buchara war Samarkand Knotenpunkt der Seidenstraße. Doch Samarkand war mehr als ein Handelsplatz. Diese Stadt entwickelte sich zur Drehscheibe zwischen Ost und West in kulturellen Dingen, zum Sitz uneingeschränkter Macht und Mittelpunkt der gesamten islamischen Welt im fernen Osten.

Wir sind mit Nargiza und Muzaffar unterwegs, ohne einen örtlichen Führer, was den Rundgang persönlicher und womöglich intensiver macht. Wieder wohnen wir bei der Schwester des Präsidenten, diesmal im Hotel Asia Samarkand in der Straße Kosh-Hauz im alten Teil der Stadt. Von dort sind es nur wenige Minuten bis zum Registan. Superlative eilten ihm voraus. Er sei der schönste Platz der ganzen Reise. Wir finden dies bestätigt.

Von einer leichten Anhöhe blicken wir hinunter auf den Registan, der von drei Medresen umgeben ist. Zwei stehen sich auf der West-Ost-Achse spiegelbildlich gegenüber, eine dritte füllt die Nordseite aus. Die drei gewaltigen Bauwerke werden jeweils von zwei schlanken und sich nach oben verjüngenden Minaretten flankiert, die ihnen eine gewisse Leichtigkeit verleihen. Zu dem mildert die vielfältige Farbenpracht der Fassaden die monumentale Wucht der gesamten Anlage. Türkis, Blau und Lila dominieren. Geometrische und florale Muster lösen einander ab. Bänder mit kufischen Schriftzeichen verbinden die Kompositionen. Darüber ragen die türkisblauen, riesigen Kuppeln wie umgestülpte Himmelsgewölbe auf.

Ruy Gonzales de Clavijo erlebte nur die Anfänge dieses Platzes. Während seines Aufenthalts erteilte Amir Timur den Befehl zum Ausbau des Registans als Mittelpunkt der Stadt mit einer von Läden gesäumten Marktstraße. Die Arbeiten sollen in noch nicht einmal vier Wochen abgeschlossen gewesen sein. Mit Bewunderung stellt de Clavijo in seinem Bericht fest: „Wahrhaftig ein staunenswerter Anblick."

Noch mehr hätte der Botschafter des spanischen Königs gestaunt, wäre er Zeuge der Umgestaltung des Platzes und der Errichtung der Medrese Ulugh-Bek geworden, die den Namen eines Nachfolgers Timurs trägt, und die um die Medresen Schir-dar und Tella-kari zum heutigen Erscheinungsbild des Registans ergänzt wurde. Doch dies geschah erst Jahre nach seiner Abreise.

Mit Nargiza betreten wir die erste Medrese. Selten fühlt man sich als Mensch kleiner als beim Durchschreiten der riesigen Eingangsportale. Ulugh-Bek war ein Enkel Timurs und ebenfalls Emir. Er war jedoch mehr Wissenschaftler und Philosoph als Herrscher. Mathematik und Astronomie waren seine Schwerpunkte. Er erbaute die Medrese, in der wir uns gerade befinden, eine weitere nach ihm benannte in Buchara, die wir besucht hatten, und ein Observatorium in Samarkand. Diese Leidenschaften und die Vernachlässigung seiner Herrscherrolle wurden ihm zum Verhängnis. Sein Sohn setzte ihn ab und Unbekannte ermordeten ihn.

Die Hochschule Schir-dar gegenüber bricht mit der islamischen Tradition. Über dem Iwan jagen zwei Tiger Hirschkühe. Über den Rücken der beiden Tiger strahlt die Sonne mit menschlichen Zügen. War der Erbauer größenwahnsinnig, als er bildliche Darstellungen in Auftrag gab? Der Usbeke Jalangtusch war lediglich Statthalter von Samarkand. Wollte er sein Antlitz und sein freieres Denken über die Orthodoxie der vom Islam geprägten Emire stellen? Vermutlich bekam ihm seine moderne Denkweise nicht besonders gut. Allerdings schweigt darüber die zugängliche Geschichtsschreibung.

Nargiza führt uns im Hof der Medrese zuerst zu einem Baum. Sie bricht eines der ledrigen Blätter und pflückt eine gelbe Frucht. Beides hält sie uns fragend entgegen. Doch keiner kennt die Antwort. „Das ist eine Lotospflaume." „Wie schmeckt sie?" „Nicht besonders gut. Ich würde sagen, sie schmeckt fade. Allerdings soll es kirschrote süße Sorten geben. Ich weiß nur nicht wo."

Odysseus hatte die Insel der Lotophagen gefunden, der Lotosesser, auf der die Bäume mit den verführerischen Früchten wachsen. „Wer die Honigsüße der Lotosfrüchte gekostet", steht in Homers Odyssee nachzulesen, „dachte nicht mehr an Heimkehr, sondern wollte stets in der Lotophagen Gesellschaft bleiben."

Gut, unsere Lotospflaume würde fade schmecken. Also testen wir erst gar nicht, sondern gehen weiter. Zielstrebig steuert Nargiza eine der ehemaligen Wohnzellen an, in denen früher die Studenten die Suren des Korans lernten. Die Zeit verwandelte auch diese Medrese in ein Museum und Kaufhaus. Handwerker und Händler bieten ihre Waren an. Wir finden uns in einem Laden für Brautkleider wieder. Nargiza bestimmt eine „Freiwillige", die von der Verkäuferin in eine Braut verwandelt wird. Das lange gelbe Kleid und der Schleier sind rasch übergeworfen. „Vor der Hochzeit freuen sich die jungen Frauen und lächeln, wie überall auf der Welt." Nargiza fängt an zu erzählen. „Sobald die Zeremonie beginnt, ändert sich dies jedoch. Unter dem Schleier verfinstert sich das Gesicht und bei vielen bleibt das so das ganze Leben. Bei Ihnen ziehen die jungen Paare, ob verheiratet oder nicht, meist in eine eigene Wohnung. Bei uns zieht die Frau immer zur Familie des Bräutigams. Dort hat die Mutter, die Schwiegermutter der Braut, das Sagen." Sie macht eine Pause, damit das Gesagte sich setzen kann. Denn, es kommt noch schlimmer. „Nach der Zeremonie lüftet der Mann den Schleier der Frau. Einen Brautkuss, wie bei Ihnen, kennt man hier nicht. Schon gar nicht in der Öffentlichkeit. Das Schlimmste für die Braut ist aber, dass sie ab jetzt vierzig Tage nicht sprechen darf. Nur wenn sie gefragt wird, von ihrem Ehemann oder der Schwiegermutter, darf sie antworten. Fragen ihrerseits sind nicht üblich." „Nach vierzig Tagen kommt immerhin die Erlösung", stellt einer der Zuhörer lakonisch fest. „Das kann man so auch nicht sagen", meint Nargiza und muss selbst bei ihrer Erklärung lachen. „Nach vierzig Tagen darf die Frau zwar wieder sprechen. Wenn sie klug ist, hält sie sich jedoch zurück. Denn das Sagen hat nun einmal die Mama des Hauses."

Beim Verlassen des kleinen Geschäfts wende ich mich an Nargiza. „Darf man erfahren, wie sich die Sache bei Ihnen abspielte?"

„Da mache ich kein Geheimnis daraus", meint sie. „Ich erzählte Ihnen, dass ich tadschikische Usbekin bin. Ich heiratete einen Perser aus Teheran. Auch dort wird der Brauch mit den vierzig Schweigetagen gepflegt. Damit hatte ich keine Probleme. Die kamen erst auf mich zu, als unser erstes Kind zur Welt kam. Wir sind beide Großstädter mit modernen Berufen. Zu meinem gehört das Reisen." Sie macht eine Pause. Ich bemerke, dass die Angelegenheit sie bedrückt. Doch sie fährt fort. „Mein Mann verlangte von mir, das Reisen aufzugeben. Das wollte ich nicht. Also zog ich mit meinem Kind zu meiner Mutter nach Taschkent."

Ich schaue sie fragend an. „Und?" „Mal sehen, wie es weitergeht. Auf meinen Beruf will ich keinesfalls verzichten."

Eine moderne, starke Frau. Ich wünsche ihr alles Gute und sage, dass ich ihr die Daumen drücke. Sie kennt diese Redewendung und das Lächeln kehrt in ihr Gesicht zurück.

Wir überquerten, mit der kleinen Gruppe im Gefolge, inzwischen den Registan und stehen vor der dritten Medrese, der Tella-kari. Dass diese Bezeichnung „Die Goldgeschmückte" bedeutet, erfahren wir erst im Inneren. Sie ist seit dreihundertfünfzig Jahren die Freitagsmoschee Samarkands, die Hauptmoschee also. Keiner hat sie besser beschrieben als Bruno Baumann in seinem Reisebericht über die Seidenstraße. Deshalb geben wir ihm das Wort: „Wir kommen aus dem Staunen nicht heraus. Wir finden uns in einer Schatzkammer wieder. Wohin wir uns auch wenden, zu allen Seiten, oben und unten, werden wir von goldüberzogenen Mustern geblendet, die den gesamten überkuppelten Raum ausfüllen. Die Goldgeschmückte lässt alles vergessen, was wir bisher sahen." „Eine Sinfonie in Gold" mit „überirdischer Schönheit" sind weitere Attribute, die er fand. Das Allerheiligste, die nach Westen ausgerichtete Gebetsnische, und der verschwenderisch reiche Goldbelag der beiden seitlichen Nischen zeigen, dass in der Tella-kari das Gebet im Vordergrund stehen soll und nicht die Lehre. So war es und so ist es noch heute.

Samarkand wäre im Mittelalter als Perle Zentralasiens nicht so bekannt und berühmt geworden, hätte Amir Timur sie nicht zur Hauptstadt seines Großreiches auserwählt. Über ihn, der den Titel eines Großkhans anstrebte, wird noch zu berichten sein. Wir fahren zunächst einmal auf der Taschkenter Straße, dem ehemaligen Karawanenweg, hinaus zur Moschee Bibi Khanum. Auf dem Höhepunkt seiner Macht ließ Amir Timur sie erbauen. Er kam gerade von einem Feldzug aus Indien zurück, mit erbeuteten Reichtümern an Gold, Silber, Juwelen und Perlen im Gepäck, aber auch mit versklavten Baumeistern und Handwerkern im Gefolge, die er für sein Vorhaben einsetzte.

Ruy Gonzales de Clavijo, der bereits erwähnte Gesandte des spanischen Königs, erlebte die Fertigstellung der Moschee. Er kannte die maurischen Bauwerke seiner Heimat, die Alhambra in Granada und die Große Moschee in Córdoba beispielsweise, die ihm nicht vergleichbar schienen. Die riesige Moschee Bibi Khanum übertraf alles bisher von ihm Gesehene. Fassungslos bestaunte der Fremde das nach Amir Timurs Lieblingsfrau benannte Gebäude. Sie war nicht nur die schönste, sondern auch die größte Moschee des mittelalterlichen Orients.

Schönheit ist zerbrechlich. Die Gigantomanie hatte ihren Preis. Offenbar war die statische Kunst der Baumeister noch nicht ausgereift genug. Erdbeben taten ein Übriges. Schon kurz nach der Fertigstellung begannen Teile des Gebetshauses einzustürzen. Die Kuppeln und Gewölbe waren zu groß und zu schwer. Die Wände und Verstrebungen hielten dem Druck nicht stand.

Trotzdem stehen auch wir, wie einst der Botschafter de Clavijo, staunend vor dem rekonstruierten Zentralbau. Die Kuppel ragt 44 m hoch auf. Mit ihren Rippen, der melonenartigen Form und dem strahlenden Türkisblau ihrer Fliesen wurde sie wieder zu einem der Wahrzeichen Samarkands.

Noch ein weiteres Bauwerk fesselt unsere Aufmerksamkeit. Ein äußerst bemerkenswerter Ausspruch ziert dessen Eingangsportal:

„Glücklich ist, wer die Welt verlässt, bevor die Welt auf ihn verzichtet."

Eine große Erkenntnis, die Amir Timur selbst nicht gekommen ist. Er starb auf einem Feldzug gegen die Chinesen 1405 in der Nähe von Schimkent in Kasachstan. Kein Feind war ihm zu groß, um ihn von seinen Angriffen abzuhalten. Doch dazu kam es nicht mehr. Amir Timur starb nicht den Heldentod in der Schlacht. Seine körperlichen Gebrechen rafften ihn auf seinem Lager hinweg.

Für die Zeit danach, hatte er ja bereits Vorsorge getroffen. Nicht weit vom Hotel Asia entfernt, gelangten wir über staubige Straßen, vorbei an kleinen Kanälen und durch verwinkelte Gassen zu dem genannten Bauwerk – seinem palastähnlichen Mausoleum inmitten einer begrünten Anlage. Grab des Emirs, Gur Emir, wird es genannt. Gur-e Amir sagen die Usbeken, die den Fürsten auch als Amir Timur und nicht als Emir Timur bezeichnen.

Fantastisch das Äußere, verschwenderisch das Innere. Ein mit Gold reich belegtes Gewölbe schwebt gleichsam über dem Kenotaph aus schwarzem Nephrit. Dieser hebt sich deutlich von den das Licht reflektierenden Alabasterfliesen des Sockels ab. Ein kufisches Band darüber aus grünem Jaspis erzählt von den Taten Timurs. Neben ihm im schlichteren Marmor die Grabblöcke der Söhne, des Enkels und seines Lehrers. Vor ihm, auf Gebetsteppichen kniend oder auf Bänken sitzend, eine erstaunliche Anzahl Gläubiger, die zu Allah beten, gleichzeitig aber auch dem ehemaligen Fürsten huldigen. Die Geschichte verklärt die Gestalten, Geschichten vernebeln die Sinne.

Den Rest des Tages verbringen wir mit profaneren Dingen. Samarkand ist nicht nur eine Stadt großartiger Bauten, sondern auch des Handels, des Handwerks und der Fertigung. Seide wird hier verarbeitet. Teppiche werden in kleinen Manufakturen gewebt. Alles Tätigkeiten, die schon anderen Orts von jedem einmal beobachtet werden konnten. Wir greifen deshalb die Empfehlung Nargizas auf und fahren mit ihr zum Vorort Kischlak Konigil zu einer einheimischen Familie in der Nähe des Flusses Sarafschan.

Der Hausherr, seine Frau und die Kinder stehen am Straßenrand zur Begrüßung bereit. Sie begleiten uns zu ihrem einfachen Wohnhaus, das idyllisch unter hohen Bäumen liegt. Ein Bach schlängelt sich durch das Grundstück. Hühner laufen gackernd umher. Zwei Ziegen stehen in einem Gatter. Frisches Grün wächst ringsum. Hier spüren und erleben wir, was sich hinter dem Wort Oase verbirgt. Ein friedlicher und fruchtbarer Ort.

Im hinteren Teil des Hauses befindet sich die Werkstatt. Hier wird Papier hergestellt – von Hand geschöpft, wenn man so sagen möchte.

Mitte des 8. Jh. starteten die Chinesen einen ihrer Versuche, die Landstriche westlich des Pamirs ihrem Reich einzuverleiben. Das Vorhaben scheiterte. Sie wurden zurückgedrängt. Einige von ihnen gerieten in Gefangenschaft. Sie erkauften ihr Leben durch die Preisgabe der bis dahin geheim gehaltenen Papierherstellung. Dieses alte Verfahren wird hier noch immer praktiziert. Wir sehen lernend zu.

Zuerst werden junge Zweige der Maulbeerbäume, die Jährlinge, geschnitten. Die einzelnen Stücke werden anschließend geschält und aus der Rinde wird der Bast gelöst. Diese grobe Masse muss nach kurzem Trocknen zu einem Brei zerstoßen werden. Für diesen Arbeitsgang setzt der Mann ein aus Holz gefertigtes gewaltiges Hammerwerk in Bewegung. Der Bach treibt ein Mühlrad. Dieses dreht einen darin verankerten Baumstamm, die Achse, in die mehrere Pflöcke eingelassen wurden. Diese heben bei jeder Drehung einmal einen senkrecht darauf ausgerichteten kleineren Stamm mit einem größeren Holzpflock am Ende, dem eigentlichen Hammer, der wie der Stößel eines Mörsers arbeitet. Ist der Brei fein genug, wird er in einem Bottich mit Wasser verdünnt. Je nach der gewünschten Größe, schöpft der Mann nun die Masse auf ein kleines, mittleres oder größeres Sieb. Nach dem Abtropfen wird die Masse des Siebs auf Tücher gelegt und mit weiteren Tüchern abgedeckt. Alle lagen zusammen breitet man sodann auf dem Basisstein einer Presse aus, die geschlossen wird. Mit großem Druck wird das restliche Wasser herausgepresst. Das nun fertige „handgeschöpfte" Papier trocknet auf einem schräg gestellten Stein endgültig aus.

Stolz präsentieren der Mann und die Frau ihre Produkte in unterschiedlicher Größe und Feinheit. Die UNESCO unterstützt die von ihnen gepflegte traditionelle Handwerkskunst. An der Wand hängt eine Urkunde mit dem „Siegel für ausgezeichnete Handarbeit". Ich kaufe drei kleine Bögen für bald zu schreibende Glückwünsche.

Ausflug zum Geburtsort Amir Timurs – Schahrisabs

Die Fernstraße M 39 verbindet Samarkand im Süden mit der Grenzstadt Termiz am Oberlauf des Amudarja und dem dahinter liegenden antiken Balch. Die Entfernung beträgt 460 km. Diese Route hatte im Mittelalter weniger für die Karawanen Bedeutung. Sie diente mehr strategischen und militärischen Zwecken, denn Balch war unter dem Namen Baktra Hauptstadt der persischen Provinz Baktrien und auch die Nachfolger Amur Timurs regierten zeitweise von dort aus. Heute befindet sich in der benachbarten und neu erbauten Stadt Masar-e Scharif der Standort der Bundeswehr in Afghanistan. Soweit wollen wir natürlich nicht. Das Tagesziel heißt Schahrisabs.

Um 8 Uhr brechen wir auf. Olga hatte 24 Taxen bestellt. Der Pass Tachta-Karatscha mit 1.788 m müsse zweimal bezwungen werden, einmal hin und einmal zurück. Mit Bussen könnte dies Probleme geben, meint sie, mit den Taxen nicht.

Der Fahrer ist Russe – „Überbleibsel" der mehr als hundert Jahre dauernden Fremdherrschaft. Er redet ununterbrochen auf uns ein. Vermutlich geht er davon aus, wir kämen aus der ehemaligen DDR, wo Russisch Pflichtfach war. Der nicht endende Wortschwall beunruhigt uns weniger als seine Fahrweise. Kaum hat der Konvoi den Stadtrand erreicht, drehen die Fahrer auf und veranstalten ein regelrechtes Wettrennen. Erst als ich ihm kräftig auf die Schulter klopfe und mit der Hand bedeute, langsamer zu fahren, reagiert er.

Kurz darauf hält er an, springt ins nahe Feld und pflückt gelbe und rote Spitzpaprika. Er will sie uns zum Essen reichen, doch mit Rücksicht auf unser empfindliches Inneres lehnen wir dankend ab. So beißt er selbst hinein, zündet sich nach dem Verzehr der Rohkost eine Zigarette an und spaziert mit uns ein paar Meter zurück zu einem Baumwollfeld. Es ist nicht das erste, das wir auf unseren Reisen zu Gesicht bekommen. Erstaunt beobachten wir jedoch, dass Sträucher Früchte tragen, während andere gleichzeitig blühen. Wir pflücken eine Kapsel, aus der frische Baumwolle weiß hervorquillt.

Etwa drei Viertel der landwirtschaftlichen Nutzfläche Usbekistans wird zum Anbau von Baumwolle genutzt. Die staatlichen Felder scheinen unendlich groß. Sie reichen beidseits der Straße bis zum Fuße des nahen Sarafschangebirges, das wir überqueren wollen.

Je weiter und höher wir auf der Passstraße vorankommen, umso herbstlicher wird die Landschaft. Die Maulbeerbäume, Aprikosen und Akazien auf den unteren Hängen wurden inzwischen von Kiefern und Pappeln abgelöst. Goldgelb leuchten die Blätter in der Sonne.

An einer Kuppe hält unser Fahre wieder an. Zu Fuß steigen wir über Geröll und Felsplatten zum höchstmöglichen Punkt. Eine archaische Bergwelt liegt vor uns, wie sie oft im Fernsehen von den Reportern bei der Berichterstattung jenseits der Grenze im nahen Afghanistan gezeigt wird. Unzugänglich, unwirtlich und unheimlich empfinden wir dieses Meer aus Fels und Stein. Nur eine kleine Fläche zur Linken grünt, ein Hochtal, das wir kurz darauf durchfahren.

Auf der Passhöhe wird eine Pause eingelegt. Wir ziehen die Jacken an und schlagen den Kragen hoch. Der Wind pfeift kalt. Vor einem ausgedienten, klapprigen Bauwagen haben zwei Bauernfamilien Stände aufgebaut. Sie verkaufen Melonen, Gemüse, Nüsse, Süßigkeiten und Wasser an die wenigen Einheimischen, die hier vorbeikommen. Wir, die Touristen, schießen Fotos ohne zu kaufen. Man beachtet uns kaum.

Der Himmel ist klar. Über der Ebene liegt leichter Dunst. So bleibt Samarkand im Norden ebenso hinter Schleiern verborgen wie im Süden Schahrisabs, auf das wir gleich darauf zusteuern.

Im Jahr 1636 wurde in dem Bergdorf Kesch, das heute Schahrisabs heißt, Timur bin Taragai Barlas geboren – Timur, Sohn des Taragai vom Stamm der Barlas.

Der Vater beherrschte als Stammesfürst die Gegend um Kesch. Der Sohn, Timur, wollte mehr erreichen. Er träumte von einem eigenen Fürstentum, trat zunächst in die Dienste des Emirs, scharte im Lauf der Jahre eine ganze Armee ihm wohl gesonnener Spießgesellen um sich und gelangte 1370 auf skrupellose Weise an die Macht.

Timur war von Kindheit an körperlich gezeichnet. Auf Grund einer tuberkulösen Erkrankung war sein rechtes Bein gelähmt und seine rechte Schulter verwachsen. Er wurde deshalb „Timur der Lahme" genannt, oder auch „Tamerlan". War es die Behinderung, die ihm jede Selbstbeherrschung und Moral raubte? Timur wird als grausam mordender Eroberer beschrieben, dessen Herrschaft von Brutalität und Tyrannei gekennzeichnet war. Sein Ziel, ein zweites mongolisches Großreich aufzubauen, gelang ihm nach und nach – auch wenn es nur für kurze Dauer hielt.

Er, der von keiner fürstlichen Linie, sondern nur von einer militärischen Kaste abstammte, heiratete zur Legitimation seiner Taten und uneingeschränkten Machtfülle eine Frau aus dem Klan Dschingis Khans. Das reichte jedoch nicht aus. Die Ernennung zum Khan oder gar Großkhan blieb ihm verwehrt. Timur musste sich mit der Bezeichnung Emir begnügen.

In Taschkent sahen wir sein Reiterdenkmal. In Samarkand saß er auf einem Thron. Hier in Schahrisabs steht er übermannsgroß in Herrscherpose auf einem hohen Sockel. Darunter sein Name aus Buchstaben in Bronze gegossen: Amir Timur – da Emir auf Usbekisch Amir heißt.

Hinter ihm ragen die riesigen Pylonen des Eingangs zu seiner längst zerfallenen Palastmoschee zum Himmel auf – letzte Zeugnisse eines vom Größenwahn besessenen Bauherrn. Kesch war kein politisches oder religiöses Zentrum seines Machtbereichs, sondern lediglich sein Geburtsort und eine Kleinstadt. Trotzdem ließ er hier den größten Prachtbau seines Herrschaftsbereichs errichten.

Heute, am 20. November 2008, spielt Amir Timur im wahrsten Sinne des Wortes nur „die zweite Geige", er wird als Fotomodell benutzt. Dutzende Brautpaare schreiten gemessenen Schrittes aus allen Richtungen herbei. Die Bräute, jung, meist hübsch, in Weiß, der Schleier gelüftet, das Gesicht nicht unbedingt finster, aber auch nicht lächelnd, eher ernst. Die Männer, kantig, eher bäuerlich, in Schwarz, meist freundlich blickend, aber auch nicht unbedingt heiter, die Haare kurz geschnitten, ein paar Fransen in der Stirn. Voraus eilen rückwärtsgehend Fotografen, mit einfachen bis kostbaren Kameras, einige zusätzlich ausgerüstet mit Videorecordern für die bewegten Bilder, zum Teil mit Tonaufnahme. Dahinter die Angehörigen der Familie und, mit etwas Abstand, die Freunde und Gäste.

„Nargiza, heute ist Montag und ein ganz normaler Arbeitstag. Warum wird gerade heute geheiratet?"

„Das geht so schon den ganzen Monat", erklärt sie. „Am 29. September endete der Fastenmonat Ramadan. Trotz der früheren Unterdrückung durch die Sowjetregierung haben die Leute vor allem auf dem Lande ihre religiösen Gebote bewahrt und befolgt und jetzt leben sie erst Recht nach den Gesetzen und fasten dreißig Tage lang. Aus Respekt vor dem Ramadan werden alle Feiern auf den nächsten Monat verschoben. Dazu gehören auch Hochzeiten. Und hier in Schahrisabs wird besonders gern geheiratet."

Nicht alle, aber viele Brautpaare legen Blumen am Denkmal Amir Timurs nieder. Auch einige Hochzeitsgäste kommen mit Sträußen herbei. Für sie ist er nach wie vor der große Held, der die Grundlagen für ein Reich schuf, aus dem Usbekistan hervorging. Doch das stimmt nicht ganz. Mohammed Scheibani war etwa einhundert Jahre nach Amir Timur der erste Khan der Usbeken. Das wäre allerdings eine andere Geschichte.

Einige Hochzeitsgesellschaften werden von Musikanten begleitet. Die Gruppen nehmen aufeinander Rücksicht. Nimmt die eine Aufstellung vor dem Denkmal, legte die nächste eine Ruhepause ein, während die übernächste ihren Spaziergang durch die Blumenrabatten erweitert. Sind die Bilder geschossen, streben die Hochzeiter mit dem Gefolge ihren Fahrzeugen zu. Am Rand des Platzes warten alle nur denkbaren Typen und Größen, vom verbeulten Kleinwagen über die Mittelklasse bis zur Hochzeitskutsche und der Stretchlimousine.

„Gefeiert wird meist zu Hause." Nargiza gesellte sich wieder zu uns. „Einige Familien bleiben auch in den Restaurants der Stadt. Im Hotel Schahrisabs herrscht heute bestimmt Hochbetrieb." Es befindet sich direkt neben dem Park mit dem Denkmal. Sie deutet hinüber. „In dieser Gegend leben vor allem Bauern, kleine Händler und Handwerker", fährt sie fort. „In den beiden Cafés am Markt können sie auch ganz einfache Leute sehen, die dort bescheiden Tee trinken und ein Eis essen. Für eine größere Feier reicht deren Geld nicht."

Wir kommen kurz darauf am Markt und den Cafés vorbei. Ein Hochzeitspaar sitzt von der kleinen Familie umrundet auf der Terrasse. Alle unterhalten sich angeregt. Auch die Braut. Sie macht einen fröhlichen Eindruck und lächelt ihren frisch angetrauten Mann selig an. Sie scheinen beide auch ohne viel Geld glücklich zu sein.

Ganz im Süden des alten Stadtteils besuchen wir die prächtigen Moscheen und Mausoleen, die allein die Reise nach Schahrisabs wert sind. Weithin leuchten ihre türkisblauen Kuppeln. Als Timuridischer Stil werden die Bauweise und die reiche Dekoration bezeichnet, die an das in Samarkand und Buchara Gesehene erinnern. Amir Timur bestattete hier seinen Vater und seinen Lehrer.

Für sich selbst ließ er in der Nähe eine Gruft errichten. Ein äußerst bescheidenes Bauwerk. Es wurde nie benutzt. Wie könnte es auch anders sein. Auf dem Höhepunkt seiner Macht dachte er an eine prunkvollere Begräbnisstätte. Das Mausoleum Gur Emir in Samarkand zeugt noch heute von seinem Sinneswandel.

Im schmalen Gang zum Vorplatz der ältesten hier befindlichen Moschee haben Frauen ihre Verkaufsstände aufgebaut. „Three Euro" ruft die eine, „Five Euro" die andere. Alle bieten schwarzgrundige kleine und große Taschen mit reichen bunten Stickereien an. Sie selbst tragen Landestracht.

Tracht in Schahrisabs

Nachdem ich mir die Erlaubnis für ein Foto geben ließ, gehe ich auf eine der jüngeren Händlerinnen zu. Ihr Kleid glänzt in der Sonne, das Tüppi, ihr Käppi ebenfalls. Ich deute auf den Stoff des Ärmels. „Silk" frage ich? „Yes, silk." Sie freut sich, angesprochen zu werden, stellt eine der Taschen ab und zupft am Stoff. „Silk" sagt sie nochmals.

„From my husband", fügt sie hinzu. Dann zeigt sie mir einen ihrer Ringe mit einem Herz aus kleinen Brillanten. „Husband" sagt sie und strahlt über das ganze Gesicht. Am Mittelfinger daneben trägt sie einen Ring mit einer großen Perle und an der anderen Hand zwei weitere Ringe, einen mit einem großen Rubin. Auf diesen deute ich bewundernd. „Husband" frage ich? Sie schüttelt den Kopf. „Mother" sagt sie liebevoll und mit leuchtenden Augen.

Sechs englische Worte reichten aus, um mir einige kleine Geheimnisse preiszugeben. Sie tat es völlig ungeniert. Ich nicke ihr freundlich zu und verabschiede mich.

Am Ende des verwinkelten Ganges trete ich zu den anderen auf den Vorplatz der Moschee hinaus. Eine Platane wirft einen großen Schatten. Sie soll älter als das im 14. Jh. errichtete Bauwerk sein – ein Ehrfurcht gebietendes Naturdenkmal. Gebäude einer einfachen Herberge, ein Speiseraum und ein Reinigungsbrunnen umstehen den Hof. Ich kann mir lebhaft vorstellen, wie die Gläubigen zur Stunde des Gebets nach ihren Waschungen herbeikommen und sich unter dem alten Baum versammeln, während der Vorbeter im erhöhten hölzernen Iwan seinen Platz einnimmt. Es ist schön hier an diesem Ort des Friedens und der Einkehr. Es ist ein Ort, der zum Gebet einlädt – gemeinsam mit anderen oder allein in der Stille.

Draußen warten die Fahrer. Die Stunde des Aufbruchs ist gekommen. Wieder beginnt das Spiel mit der Geschwindigkeit. Wir überholen, werden überholt, das Ganze im mehrfachen Wechsel.

Am Beginn der Passstraße biegen wir ab. In einem ehemaligen Schulungszentrum für Offiziere kehren wir zum späten Mittagessen ein. Auf einer großen Terrasse wurde im Halbschatten hoher Kiefern eingedeckt. Wir suchen ein mehr sonniges Plätzchen auf.

Bratenduft liegt in der Luft. Ein Barbecue wurde vorbereitet – Kebab vom Hammel. Vorweg reicht man zuerst eine Salatmischung, dann Mantis und Samsas, gekochte und gebackene Fleischtaschen. Zum Schluss werden die Spieße aufgetragen. Ein rustikales aber köstliches Essen. Mit einem ordentlichen Schluck Wodka wird nachgespült.

Muzaffar sitzt bei uns. Er lässt einen Becher mit Zahnstochern die Runde machen. „Ein kleiner Spieß gegen die Reste des großen Spießes", sagt er spaßig.

„Die sind gedrechselt", stellt einer am Tisch fest. „Erstklassige Wert-arbeit", ergänzt er süffisant

„Warten Sie ab", meint Muzaffar. „Wenn sie in den Zähnen stecken bleiben und abbrechen, dann ist es Importware und chinesische Qua-lität."

„Zahnstocher aus China?"

„Nicht nur Zahnstocher. T-Shirts und Hemden ebenso. Die Inder liefern die Kaschmirschals. Die Globalisierung hat auch Usbekistan erreicht und die Seidenstraße neu belebt."

Eine junge Frau sitzt in unserer Nähe allein am Tisch neben dem Aufgang zur Terrasse. Sie raucht Zigaretten, schaut mal aufmerksam in die Runde, mal gelangweilt vor sich hin, steht auf, verschwindet im Restaurant, in dem keine Gäste sitzen, aber eine Tafel eingedeckt wird, kommt mit dem Handy telefonierend zurück, setzt sich wieder und zündet eine neue Zigarette an. Sie ist wie ein Model aufgemacht, stark geschminkt, mit raffinierter Frisur, einem eng sitzenden Kos-tüm, hochhackigen Stiefeln und einem mit Glitzer bestückten Täsch-chen, in das sie das Handy zurücklegt.

„Muzaffar", sage ich, mit einer Kopfbewegung zu ihr deutend, „ihr Outfit kommt auch nicht aus heimischer Fertigung!?"

„Das ist die Frau des Pächters. Der Chef scheint nicht hier zu sein. Deshalb läuft sie ständig nervös auf und ab. Ich kenne sie aus Tasch-kent. Sie trägt nur Kleidung italienischer Designer." Er riskiert einen Blick. „Ich tippe auf Versace oder Armani."

Zurück im Hotel Asia nutzen wir die verbleibenden Stunden des Nachmittags zur Entspannung. Neugierig werfe ich einen Blick im Internet in meine Mailbox. Keine besonders wichtigen oder eiligen Nachrichten. Gut so.

Am frühen Abend besuchen wir ein Konzert in der Anglikanischen Kirche von Samarkand, das nur für unsere Reisegruppe gegeben wird. Eine Sängerin wird von einer Cellistin, einem Flötenspieler und einer Pianistin begleitet. Die Vier machen ihre Sache ordentlich.

Das anschließende Abendessen findet in einem Privathaus statt. Die ganze Familie ist angetreten, um uns stilvoll zu verwöhnen. Auf den Wodka verzichten wir. Wir sind ohnehin müde genug. Der Tag war wieder sehr anstrengend.

Auf den Spuren der Sogder – Afrasiab

Erwartungsvoll beginnen wir den dritten und letzten Tag in Samarkand. Wir fahren heute hinaus nach Afrasiab am nördlichen Stadtrand. Ich hatte viel über dieses urbane Zentrum der Antike gelesen, das wie Rom im 7. Jh. v. Chr. entstand. Meine Vorfreude und Anspannung ist groß. Ich habe mir für diesen Tag viel vorgenommen.

Ungeduld ergreift mich bereits beim Frühstück. Werde ich alles ausfindig machen und ansehen können? Wird Zeit für persönliche Erkundungen bleiben?

Die Sogder, die hier im Altertum lebten, waren Händler und Karawanenführer. Das kleine Fürstentum stand den überlieferten Berichten zufolge weit über seine Grenzen hinaus mit China und Persien in Verbindung. Die sogdische Sprache wurde sogar als Verkehrssprache zwischen den Völkern beim Warenhandel genutzt. Der angehäufte Reichtum musste gesichert werden. Die Sogder bauten eine ummauerte Stadt, sie zogen oberirdische und unterirdische Kanäle, sie beherrschten die Glasfabrikation, kannten Rüstungen aus Metall und bauten Wein an.

Woher sie ursprünglich kamen, ist nicht genau bekannt. Sie gelten als Indo-Europäer. Ihre Sprache wird zur indoiranischen gerechnet. Ihre Abbildungen auf den Fresken zeigen schmale bärtige Gesichter mit langen Nasen und tief liegenden Augen.

Die Perser hatten Jahrhunderte die Oberhoheit über Sogdien. Das änderte sich, als Alexander der Große das Land zwischen den Flüssen Amudarja und Syrdarja 329 v. Chr. eroberte.

Die Taschkenter Straße, die wir mit dem Bus befahren, fällt nach der Moschee Bibi Khanum und dem anschließenden Basar steil bergab in ein Flusstal. Auf der anderen Seite erheben sich die Hügel von Afrasiab. Wie eine hohe Klippe erscheint die vom Regen ausgewaschene und den Wettern gegerbte Stadtmauer. Vermutlich war Alexander beim ersten Anblick der Festungswälle genauso beeindruckt wie wir. Er gab den Befehl zum Sturm der Stadt, die von ihm Marakanda genannt wurde.

Alexander hatte die Sogder besiegt, sicher auch in Afrasiab einiges zerstört, die Stadt aber nicht total verwüstet. Das war nicht sein Ziel. Er wollte ein eigenes Großreich und dazu brauchte er das Wohlwollen der unterworfenen Bevölkerung.

Wie die Geschichte berichtet, heiratete er eine Prinzessin, die Tochter des regionalen Fürsten. Sie hieß Roxane. Trotz ihres niederen Standes wurde sie, neben anderen, seine erste Frau und Königin. Sie musste ein schweres Schicksal erdulden. Alexander starb 323, noch ehe Roxane den Sohn und Nachfolger entbinden konnte. Dreizehn Jahre lebte sie in der Hoffnung, diesen eines Tages als Alexander IV auf dem Thron zu sehen. Doch dazu kam es nicht. Roxane und ihr Sohn wurden von den Rivalen in Griechenland mit Gift ermordet.

Nargiza begleitet die Gruppe in das Museum auf dem Gelände der alten Stadt. Ich ziehe es vor, erst einmal den nahen Hügel zu besteigen. Ein Trampelpfad führt zur Kuppe. Dort angekommen, liegt das gesamte Ruinenfeld vor mir. In der Ferne erkenne ich die Mauern der ehemaligen Zitadelle der Fürsten Sogdiens.

Zitadelle von Afrasiab

Vor mir nichts als Ruinen und hellbraune Lehmhügel, die ebenfalls Ruinen verbergen. Ein unheimlich bedrückender, fast gespenstischer Anblick. Ich wandere durch ausgegrabene Räume, übersteige verfallene Mauern und versuche nachzuempfinden, wie die Menschen hier gelebt haben. Der Glanz der Paläste, Karawansereien und Wohnhäuser ist verschwunden. Die ewigen Lichter in den Feuertempeln sind erloschen. Luftgetrocknete Ziegel, zum Teil mit Stroh durchsetzt, fanden als Baumaterial Verwendung. Die Horden Dschingis Khans verwüsteten 1220 Afrasiab gnadenlos. Regen, Sonne und Wind gaben der Stadt den Rest. Sie wurde verlassen. Südlich des Flüsschens Siab und außerhalb der alten Stadtmauer von Afrasiab entstand im 14. Jh. die neue Stadt – das heutige Samarkand.

Wie großartig die Gebäude einst waren, zeigen die Wandmalereien eines ausgegrabenen Palastes aus der Blütezeit der Seidenstraße. Künstler, vielleicht sollten wir sie wahre Könner nennen, hielten die Ankunft einer Gesandtschaft und die Huldigung des regionalen Herrschers in Farbe fest.

Einritt der Würdenträger der Gesandtschaft

Übergabe der Geschenke

Erwartungsvoll blickt einer der Kamelreiter voraus. Der Wind bläht seinen Umhang. Er scheint seinem Begleiter einen Hinweis zu geben. Beide halten einen Stab als Zeichen ihrer Würde in den Händen.

Ein einzelner Reiter folgt zu Pferd. Auch er mit erhobenem Stab. Ein hoher Würdenträger oder gar ein regionaler Herrscher?

Gesandte überbringen ihre Geschenke. Sie kommen aus China und anderen fernen Ländern. Alle tragen kostbare Seidengewänder mit prunkvollen Stickereien. Widder, Elefanten und Eberköpfe sind zu erkennen. Auf einem Mantel kann nachgelesen werde, dass dessen Träger „Botschafter des hunnischen Herrschers" sei.

Am meisten beeindrucken mich die Motive des mittleren Mannes einer Dreiergruppe. Sie stellen Vögel dar, die Perlenketten tragen – Perlen der Seidenstraße. Spontan greife ich zu meinem Notizblock, um eines der Bilder für mich festzuhalten.

Andere Darstellungen auf den Gewändern geben Rätsel auf. Bei ihnen kann es sich um Greifen oder Sphinxe handeln, jener Mischung aus einem geflügelten Löwen mit dem Kopf eines Raubvogels.

Ich erinnere mich an das Museum von Taschkent. Dort lernten wir den Greifen Simurgh als Wappenvogel Usbekistans kennen. Simurgh der König der Vögel, der Schutzgott mit den übernatürlichen Kräften. Nach der zoroastrischen Lehre sitzt er auf dem Urbaum und verbreitet durch seinen Flügelschlag die Samen aller Pflanzen. Simurgh also ein Symbol des Guten und des Lebens.

Sphinxe dagegen galten in der Mythologie der Griechen und Perser als Dämonen der Zerstörung und des Unheils. Sollte ein derartiges Motiv auf die zweite Bedeutung des Wortes Afrasiab anspielen? Afrasiab bezeichnete nicht nur die Stadt, in der wir uns gerade befinden, sondern auch den mythischen König von Turan, den Feind Persiens und des Gottes Ahura Mazda. Turan war Zentralasien, das Land der

Dunkelheit, das den Iran, das Land des Lichts zu zerstören drohte. Möglich ist diese Deutung, genau wissen wir es nicht. So werden viele Darstellungen auch in Zukunft rätselhaft bleiben.

Noch bevor die mongolischen Horden Afrasiab zerstörten, fand ein Mann namens Kussam ibn Abbas seinen Weg hierher. Er war der Neffe Mohammeds. Er begleitete die Araber bei der Eroberung und Islamisierung Zentralasiens. Das war eine gefährliche Zeit.

Der Legende nach wurde Kussam auf den Hügeln Afrasiabs enthauptet. Mit dem Kopf unter dem Arm stieg er in eine Höhle des Hügels, die zu den Gärten des Paradieses führt. Dort lebt er für die Gläubigen bis heute weiter. Das für ihn errichtete Grabmal gilt seit mehr als tausend Jahren als heilige Stätte. Amir Timur und seine Nachfolger überbauten in mehreren Schritten die ursprüngliche Anlage mit einer Grabmoschee, mehreren Gebetsräumen und einem Mausoleum mit einem Kenotaph. Der Ruhestätte gab man den Namen Schah-e Sende, was „Der lebende König" bedeutet.

Im Verlauf von zwei Jahrhunderten entstand zu Füßen Kussam ibn Abbas eine ganze Gräberstraße – die vielleicht schönste Totenstadt im orientalischen Zentralasien. Sie durchbricht an der Südwestecke Afrasiabs die alte Stadtmauer. Die Wallfahrtsstätte wird von fast zwanzig Mausoleen und Moscheen flankiert. Wer die Stufen bis zu dem riesigen noch heute benutzten Friedhof hinauf schreitet, den begleitet eine berauschende Sinfonie orientalischer Muster in türkisblauen Farben.

Die Namen der rechts und links Begrabenen sagen uns wenig oder nichts. Es handelt sich um die Angehörigen der timuridischen Herrscher. Die Art und Weise ihrer Bestattung gebietet jedoch Ehrfurcht. Viele Gläubige pilgern hinauf. Die Stadt der Toten ist voller Leben.

Einige Schritte weiter, im „Gräberfeld des Volkes", kann ich ein mehrfaches Lächeln nicht verkneifen. Was in den Moscheen verboten ist, scheint hier geduldete Sitte – die Abbildung der Verstorbenen und ihrer Geschichte auf den Grabsteinen. Staunend sehe ich, wie ein sechsunddreißigjähriger Mann auf seinem Motorrad tödlich verunglückt. Ein paar Gräber weiter kommt ein moderner Ritter der Seidenstraße mit seinem Auto bei einem Unfall zu Tode. Was für makabre Darstellungen.

Schahrisabs – Amir Timur

Samarkand – Ruinen von Sarafschan

Wüste Karakum – Tamariskenzweig

Merw – Palast der „Jungfrauen"

Aschgabat – Große Ruhy-Moschee

Nisa – Ruinenstadt der Parther

Große unbekannte Stätte – Merw

Am späten Nachmittag verlässt der Sonderzug den Bahnhof von Samarkand entlang der klassischen Seidenstraße Richtung Westen. Der fruchtbare Boden des weiten Landes wird intensiv genutzt. Der Fluss Sarafschan und kleinere Nebenflüsse und Kanäle stellen eine ausreichende Bewässerung sicher.

In der Nacht werden wir Buchara passieren. Von dort geht es in südwestlicher Richtung weiter nach Turkmenistan, dem dritten zentralasiatischen Land dieser Unternehmung.

Auf meinen vielen Reisen durch die Welt machte ich die Erfahrung, dass der Umfang bürokratischer Einreiseformalitäten im umgekehrten Verhältnis zur Größe und Bedeutung der zu besuchenden Staaten steht. Turkmenistan rangiert hier in vorderster Front. Für die Beantragung des Visums mussten wir vor Reiseantritt pro Person zwei Antragsformulare ausfüllen und mit zwei Passbildern und dem Pass einreichen und 60 Euro Gebühr bezahlen.

Bei Grenzübertritt müssen wir heute Nacht pro Person zusätzlich eine Einreisekarte für 12 US$ erwerben und für die Registrierung zwei weitere aktuelle Passbilder und eine Kopie des Reisepasses vorlegen. Vier Passbilder pro Person. Was machen die damit?

Nargiza war so freundlich, die Unterlagen und das Geld am Vorabend einzusammeln, um den Papierkram für uns zu erledigen. Trotzdem – man glaubt es kaum – reißt mich ein Klopfen an der Kabinentür aus dem Tiefschlaf. Ich schrecke auf und blicke auf meine Uhr. Es ist eins. Ich öffne die Tür einen Spaltbreit. Ein Uniformierter sagt etwas Unverständliches zu mir. „Gesichtskontrolle" übersetzt eine Stimme aus dem Hintergrund. Sie sind zu zweit. Verschlafen stütze ich mich auf den Ellenbogen und blicke den Grenzer ins Gesicht. Er vergleicht mit dem Pass und nickt zufrieden. Irene schläft friedlich. Ich wecke sie nicht. Der Grenzer steckt kurz seinen Kopf durch die Tür, nickt nochmals und macht sich davon.

Wir frühstücken bereits um 06.30 Uhr. Ich beeile mich, um wieder einmal meinen Lieblingsplatz an der Gittertür neben der Küche einzunehmen, frische Luft zu atmen und Ausschau zu halten. Um 07.12 Uhr geht die Sonne über der Wüste Karakum auf. Es ist und bleibt für mich ein faszinierendes Schauspiel. Warum sie die Schwarze Wüste genannt wird, bleibt mir ebenso verschlossen wie bei der Roten Wüste Kislikum. Der weitläufige Sand und die eingestreuten verdörrten Büschel sehen immer gleich aus.

Turkmenistan ist das trockenste Land Zentralasiens. Eine Brücke führt über den Karakum-Kanal. Er bringt dem Land im Süden Leben. Dem Amudarja entzieht er jedoch soviel Wasser, dass dieser – wie an anderer Stelle bereits beschrieben – zu einem Rinnsal wird, was zur Austrocknung des Aralsees führt.

In Mary, einer neu entstandenen Industrieansiedlung, steigen wir aus. Wir verlassen die Stadt und fahren mit dem Bus etwa 30 km östlich. Aus dem Nichts der endlosen Wüstenlandschaft taucht eine aus Lehm errichtete Mauer auf, hinter der sich die Ruinen von Merw verbergen – einst ein wichtiger Handelsplatz an der großen Seidenstraße, von dessen Bedeutung ich erst anlässlich dieser Reise erfahre. Die Stadt, nicht ganz so alt wie Afrasiab, erlebte eine erste Blüte unter den Parthern in der Zeit vom 2. Jh. v. bis in das 3. Jh. n. Chr. und eine zweite unter der Herrschaft der Seldschuken im 11. und 12. Jh. Die muslimischen Sultane bauten neben der alten eine neue Stadt mit herrschaftlichen Palästen, mehreren Moscheen und Mausoleen. Merw galt in dieser Zeit als „Perle des Osten".

Dann kam das Jahr 1221. Ein sonniger Frühlingstag brach an. Die erhitzte Luft zitterte. Insekten schwirrten. Die Lerchen sangen. Die Bauern gingen auf den Feldern ihrer Arbeit nach. Am Horizont im Norden bildete sich eine kleine Staubwolke. Wird ein Wüstensturm aufziehen, was in dieser Gegend keine Seltenheit wäre? Die Wolke vergrößerte sich schnell. Der Himmel verdunkelte sich. Ein fernes Grollen war zu hören, das rasch anschwellte und sich zu einem ohrenbetäubenden Donnern entwickelte. Die Wolke und das Donnern rückten näher und näher. Die Hufe galoppierender Pferde trommelten auf dem Boden. Ein Reiterheer brauste heran – die wilde Horde Dschingis Khans.

„Im Auftrag des ewigen blauen Himmels", soll er ausgerufen haben. Was dann folgte glich keinem Gottesgericht, sondern einem grausamen und abscheulichen Morden durch Menschenhand

Wie viele Schlachten im Einzelnen geschlagen wurden und wie lange die Belagerung der Zitadelle dauerte, bis auch sie im Sturm genommen werden konnte, hat niemand festgehalten. Überliefert wurden Einzelheiten der Kriegskunst der Mongolen, die, von Kindheit an mit ihren Pferden aufgewachsen, im gestreckten Galopp ihre Pfeile abschießen konnten, und dies nicht nur nach vorn, sondern auch zur Seite und im Steigbügel stehend nach hinten. Sie griffen in Wellen an, machten Scheinrückzüge, um gleich darauf geteilt von mehreren Seiten vorzustoßen. Noch heute symbolisiert das geflügelte Pferd im Wappen der Mongolei die Schnelligkeit der alten Reiterheere.

Ihre stärksten Waffen waren Pfeil und Bogen. Sie stellten die Bögen aus verleimten Schichten aus Holz, langen Hornspänen und Tiersehnen her. Die spitzen Enden bogen sie nach vorn, was den Zug verstärkte. Mit langen Pfeilen konnten sie bis zu zweihundert Meter weit schießen und ihre kurzen Pfeile durchbohrten sogar gepanzerte Rüstungen. Das machte sie allen Gegnern überlegen. Mit scharfen Schwertern besorgten sie im Nahkampf den Rest.

Jeder Einzelne, den sie töteten, konnte ihnen nicht mehr gefährlich werden. Also brachten sie alle um. Sie vergewaltigten die Frauen und steckten die Wohnhäuser, Paläste und Moscheen in Brand. Verschont wurden nur der Klerus, Handwerker und Künstler.

Trotzdem blieben einige beeindruckende Ruinen und Bauwerke und Teile der Stadtmauer erhalten.

Wir steuern zuerst den Palast Kis Kale auf einer Anhöhe an, ein fensterloses großes Gebäude, dessen wuchtige Mauern mit Halbsäulen verstärkt noch heute 15 m hoch aufragen. Durch eine Legende erlangte diese Stätte besondere Berühmtheit. Die Männer von Merw brachten nach der Erzählung ihre Frauen und Kinder in diesem Palast zum Schutz vor den mordlustigen Kriegern unter, bevor sie selbst im Kampf fielen. Das Schicksal der Frauen und Kinder ist unbekannt. Dem Palast Kis Kale gab man später der Namen „Jungfrauenfestung". Als Mahnung zum friedfertigen Miteinander legen wir an einem Spalt der Außenmauer ein Friedensteil des Kunstprojekts „World Wide Art for human rights an peace" nieder.

Das antike und mittelalterliche Merw hatte eine extrem große Ausdehnung. Teile der Stadt wurden aufgegeben, neue entwickelt. Die sehenswerten Stätten liegen weit auseinander. Wir drehen deshalb eine Runde mit dem Bus, fahren zuerst ans äußerste Ende zu den ältesten Festungswällen und von dort kreuz und quer durchs Gelände.

„Stadt der Ungläubigen" nannten die einfallenden Araber die alte Stadt, deren Bewohner ihrer Religion in zoroastrischen Feuertempeln nachgingen oder sich in Klöstern, wie die Buddhisten, zum Gebet trafen. Sie setzten Zeichen ihrer Religion, des Islams, und erbauten gleich nebenan die „Stadt des Sultans" mit einer eigenen Zitadelle, Moscheen und Mausoleen, Wohnvierteln und Basaren.

Grabmoschee und Pilger

Um die Grabmoscheen und Mausoleen ranken sich Legenden – zwei Weggefährten Mohammeds und ein direkter Nachfahre des Propheten sollen hier begraben sein. Bei unserer Ankunft treffen zwei Welten aufeinander: Eine Gruppe von vierzehn deutschen Touristen begegnet dreizehn jungen turkmenischen Frauen, die hier zu einer Wallfahrt eintrafen. Dreimal umrunden sie die Grablege. Sie sprechen dabei in inniger Andacht ihre Gebete, äußern Fürbitten und sagen vielleicht auch Worte des Dankes. Wir erleben die Wiedergeburt einer religiösen Kultur, die von den Russen unterdrückt wurde. Geduldig warten wir, bis die jungen Frauen das Ritual vollenden.

Glücklich und gelöst kehren sie zum wartenden Bus zurück. „Der hier begrabene Sufi Jusuf Hamadani wird seit Jahrhunderten von der Jugend verehrt. Vor der Hochzeit kommen vor allem die Frauen hierher, um sich seinen Segen zu erbitten", erklärt Alexander, der uns während des Aufenthalts in Turkmenistan begleitet. Wir interessieren uns mehr für die profaneren Dinge, für die architektonischen Schönheiten der Baudenkmäler ebenso wie für die Menschen, und versuchen die Impressionen in Erinnerungsfotos festzuhalten.

Einen besonderen Reiz übt die Landschaft rings um die alten Stätten aus. Noch immer intakte Kanäle erinnern daran, dass nicht nur vor den Toren Merws die Felder bestellt, sondern auch innerhalb der Stadtmauern Gärten gepflegt wurden.

Der Flugsand der Wüste Karakum hat über die Jahrhunderte große Flächen wieder in Besitz genommen. Trotzdem reicht die Feuchtigkeit in den Senken, um einigen Wüstenpflanzen Lebensraum zu geben. Auch Kamele finden Nahrung. Sie weiden in Gruppen. Die Araber brachten aus ihrer Heimat Dromedare mit. Diese verdrängten inzwischen die zweihöckrige Verwandtschaft.

Ich stapfe durch den Sand, der an manchen Stellen fein wie Mehl und leicht wie Asche ist. Salzrosen blühen zart rosa. Auf den ersten Blick ähneln sie unserem Heidekraut. Der Salzsteppenstrauch bringt nur winzige Blätter hervor, sieht krüppelig aus, wird aber uralt, und größer als ich.

Mein Ziel steht in einer tiefen Mulde, ein Tamariskenstrauch. Ungeachtet der Gefahr, die durch giftige Schlangen drohen könnte, wage ich mich hinunter. Knöcheltief versinke ich im Staub der Wüste. Er ist grauschwarz. Ab sofort akzeptiere ich die Bezeichnung Karakum, Schwarze Wüste.

Ich klappe mein Taschenmesser auf, das ich extra für diese Aktion auf die Reise mitnahm. Aus dem unteren, alten und rissigen Holz drängen schmale, glatte und rötliche Triebe mit rosafarbenen Blütenrispen. Ich greife mir einen Zweig und schneide ihn ab. Eine Wolke hüllt mich ein. Der aufgewirbelte Blütenstaub färbt meine Hände, die Jacke, das Gesicht und die Haare rosa.

Für mich ist das Abenteuer beendet. Ich wollte einmal einen jungen Zweig einer Tamariske in der Hand gehabt, seine feuchte Rinde aufgerissen und daran gerochen haben – um nichts Besonderes festzustellen, wie ich bemerke. Für die Völker Zentralasiens war die Tamariske von weit aus wichtigerer Bedeutung. Sie schätzten ihre Gerbsäure, schälten die Rinde, stampften sie zusammen mit dem Fruchtfleisch und gewannen daraus Tinkturen und Pasten, die sie als Medizin verwandten. In erster Linie wurden damit Wunden antiseptisch behandelt und Darmerkrankungen bekämpft. Aber auch Staublungen, die bei den Bewohnern der Wüsten keine Seltenheit waren, versuchte man damit zu heilen. Archäologen fanden mehrfach Tamariskenzweige als Grabbeigaben. Sie sollten den Verstorbenen offenbar auch noch im Jenseits Linderung verschaffen.

Der Sohn Amir Timurs startete einen letzten Versuch, Merw wieder aufzubauen und als Schnittpunkt für die Handelswege von Samarkand und Buchara nach Persien und Afghanistan zu beleben. Die „Stadt des Khans" entstand. Sie wurde bald zum Spielball der Kräfte. Die Timuriden verloren ihre Herrschaft an die Perser, diese an die Paschtunen Afghanistans und jene schließlich an Russland. Von dieser letzten historischen Stadt Merw blieben nur noch die Stadtmauern erhalten. Wir legen einen kurzen Halt ein, bevor wir zu dem auf uns wartenden Sonderzug aufbrechen.

Antik, modern und absurd zugleich – Aschgabat

Alexander und die Crew haben ein Abschiedsessen vorbereitet: Zum Auftakt reichen sie eine Maschhurda, eine kräftige usbekische Suppe aus Erbsen, gefolgt von einem bunten Salat mit dem Fantasienamen Margusch. Die Hähnchenfilets zum Hauptgang wurden schmackhaft mariniert und mit Gemüse umlegt. Der usbekische Cabernet Sauvignon passt ausgezeichnet dazu. Zum Abschluss werden wir mit reichlich süßem Gebäck und Kaffee verwöhnt und – natürlich ganz nach Wunsch und Geschmack – mit hochprozentigem Wodka.

Olga bedankt sich im Namen aller Teilnehmer bei den Reiseleitern und dem Zugpersonal und übergibt Briefumschläge mit den als Trinkgeld gesammelten Euro- und Dollar-Noten. Die Mannschaft war gut und ich hoffe für sie, dass sich niemand kleinlich zeigte. Am Bahnhof von Aschgabat verabschieden wir uns von allen, mit besonderer Herzlichkeit von Nargiza und Muzaffar. Nach einem Ruhetag werden sie mit neuen Gästen die Sonderzugreise in der Gegenrichtung wiederholen. Wir selbst bleiben eineinhalb Tage in der Hauptstadt Turkmenistans, bevor wir die Heimreise antreten. Aber bis dahin steht uns noch einiges bevor.

Seit der Einreise in der vergangenen Nacht begleitet uns Alexander, ein Turkmene, der bereits als Übersetzer bei der „Gesichtskontrolle" und in Merw tätig wurde. Beruflich war er Lehrer am Gymnasium. Jetzt sei er pensioniert und verdiene sich einige Manat hinzu, wie die heimische Währung heißt. Nicht, weil er das Geld unbedingt bräuchte, sondern aus Vorsorge, um seine Frau besser verwöhnen zu können. Ein echter Schelm, wie sich schon bald herausstellt, der, sehr sprachgewandt, zu allem einen hintergründigen und meist lustigen Kommentar auf den Lippen hat. „Auf unseren Fahrten durch Aschgabat werden wir sehr oft ‚unserem Ehemaligen' aber auch ‚dem Jetzigen' begegnen. Wenn ich die beiden Staatspräsidenten so bezeichne, dann nicht aus Respektlosigkeit, sondern um Ihnen behilflich zu sein. Ihre Namen sind für alle Fremden sehr schwer auszusprechen. Der ‚Ehemalige' hieß Saparmyrat Nyyazow, der ‚Jetzige' heißt Gurbanguly

Berdimuhammedow. Ich nehme an, Sie verstehen, wie ich das alles meine."

Die Büsten der beiden sind in der Hauptstadt allgegenwärtig. Vergoldet glänzen sie von Sockeln, Monumenten und Turmspitzen; in Farbe von Plakatwänden. Ein abstruser Personenkult, der in der selbst gewählten Bezeichnung des Ehemaligen gipfelte. Er legte sich den Ehrentitel Turkmenbaschi zu – Vater der Turkmenen – taufte die Hafenstadt am Kaspischen Meer in Türkmenbasy um und fand es gut, wenn das Jahr mit dem Monat Türkmenbasy und nicht mit dem Januar beginnt. Den Monat April taufte er auf den Namen seiner Mutter um, Gurbansoltan, und den September nach dem von ihm verfassten Buch Ruhnama, das dem Koran gleichgestellt wurde.

Der nachfolgende Jetzige konnte an dem Namen der Mutter des Ehemaligen keinen Gefallen finden. Nun gelten wieder die turkmenischen Bezeichnungen, z. B. Janwar oder Aprel oder Sentjabr, die selbst wir richtig einordnen können.

Das Wort absurd kommt mir nicht nur in den Sinn, sondern mehrfach auch über die Lippen. Der Ehemalige stampfte mit den Einnahmen aus den reichen Öl- und Erdgasvorkommen des Landes in siebzehn Jahren eine neue Hauptstadt aus dem Boden mit zwanzigstöckigen Verwaltungsbauten, Hotels und Apartmenthäusern im Stil von Las Vegas und dem Flair von Hollywood, mit Siegessäulen und Springbrunnen in dauerbewässerten Parks mit saftigem Bermudagras und natürlich mit den vergoldeten, übermannsgroßen Denkmälern des ehemaligen großen Führers, deren Köpfe inzwischen teilweise durch jenen des Jetzigen ersetzt wurden – und das alles am Tag natürlich im strahlenden Sonnenschein und vom Sonnenuntergang bis zum Sonnenaufgang im gleißenden Licht der Scheinwerfer und bunter Beleuchtung in wechselnden Farben. Zur Krönung des Ganzen ließ der Ehemalige in einem Vorort eine Moschee erbauen – die größte Zentralasiens natürlich. Und daneben sein Mausoleum, aus weißem Marmor aus Carrara, wie es sich von selbst versteht.

Gut, dass an den beiden Tagen unseres Besuchs keine Staatsgäste zum Übernachten untergebracht werden müssen. So kann das Hotel President die Reservierung für normale Besucher, für uns, aufrechterhalten. Fünf Sterne versüßen den Schlaf. Ein amerikanischer Gast schrieb anerkennend im Internet: „Ein eindrucksvoller weißer Marmorpalast. Einem Präsidenten würdig." Ein Amerikaner muss es wohl wissen.

Im Jahr 1948 legte ein Erdbeben Aschgabat in Trümmer. Bei dieser Naturkatastrophe wurde auch die Altstadt total zerstört. Nur einige weniger bedeutsame Kolonialbauten des 19. und frühen 20. Jh. in einer Art klassizistischem Stil blieben erhalten. Den Fremden wird deshalb der Besuch des Tolkuchka Basars nahe gelegt. Wir fahren hinaus an den Stadtrand, wo der dauerhafte Wind die Wüste zu riesigen Sandbergen aufhäuft, die den größten Markt Turkmenistans in wenigen Jahren zu ersticken drohen. Wir mischen uns unter die Menge, werden streckenweise dahin geschoben, wohin wir gar nicht wollen, bahnen uns schließlich schiebend und schubsend einen eigenen Weg und landen nach langem Staubschlucken endlich in der besuchenswerten Abteilung der Teppichhändler. Das Bucharamuster dominiert. Doch kein Teppich gleicht dem anderen, weder im Muster selbst, noch in der Farbkomposition. Jetzt bin ich endgültig überzeugt, dass ein echter Buchara aus Turkmenistan stammt, so unglaubwürdig dies auch klingt.

Auf dem weitläufigen Areal bieten mehrere hundert Händler ihre Waren an. Alles, was man sich denken kann, wird verkauft, vom eisernen Nagel bis zum Kamel. Die Bevölkerung deckt sich hier mit allem ein, was sie braucht. Einige tausend Menschen drängen und zwängen sich durch die Gassen der einfachen Verkaufsstände. Gemauerte Geschäfte oder gar überdachte Basare sucht man hier vergebens. Holzgerüste, Zeltstoff und Wellblech dominieren. Dafür ist das Bild umso bunter. Die Frauen tragen sehr farbige Kleider und Kopftücher, die auch hier nach hinten geknotet oder locker über den Kopf gelegt werden. Bei genauerem Hinsehen kann man Unterschiede bei den Trachten feststellen. Der Markttag ist Anziehungspunkt für alle Volksgruppen, die am bewässerten und damit fruchtbaren Nordrand des Kopet-Dagh-Gebirges leben. Grellfarbig und äußerst auffällig wie ihre Süßigkeiten haben sich Frauen gekleidet, deren Heimat China oder Korea sein könnte. Ich versuche das herauszubekommen. Doch eine Verständigung gelingt nicht.

Regen setzt ein. Wir gehen zum Bus zurück, um hinaus nach Nisa zu fahren.

Alexander der Große besiegte die Perser, doch sein Reich hielt nicht lange. Die Parther nutzten die gebotene Chance, ein indoiranischer Volksstamm, dessen Heimat am Ostufer des Kaspischen Meeres lag. Das von ihnen im 3. Jh. v. Chr. gegründete Reich hielt fünf Jahrhunderte und Nisa erwählten sie als erste Residenzstadt. Die wuchtigen alten Mauern der zentralen Festung wirken beeindruckend. Wer sich mit acht Meter dicken Wällen und Türmen aus Stampflehm und Ziegeln schützt, hatte nicht nur einen königlichen Palast, die heiligen Tempel und die Kasernen der Leibwache zu schützen, sondern auch große Reichtümer. Im Historischen Museum bestaunen wir Tonkrüge aus den Weinkellern, Statuen aus Bronze und Silber, Münzen und Siegel und vor allem die kostbaren Trinkhörner der Parther. Sie waren aus Elfenbein gefertigt, mit Silber beschlagen und mit Mischwesen verziert. Sollten sie Drachen darstellen? Den Drachen Azhi Dahaka vielleicht, den Erzdämon der persischen und zoroastrischen Mythologie? Dieser Drache wurde an einen Berg gekettet, wo er bis zum Ende aller Zeiten bleiben muss. An den Fuß eines Trinkhorns geschlagen, musste er mit ansehen, wie der Zecher den Wein schlürfte, ohne jemals selbst kosten zu dürfen – eine Art symbolischer Strafe. Den Wein bauten die Parther selbst an. Das Elfenbein ihrer exklusiven Trinkgefäße kam über die Seidenstraße in ihren Besitz, entweder aus Indien oder aus Afrika über das Mittelmeer. Denn nur dort lebten Elefanten. Und die Seidenstraße erfuhr während ihrer Herrschaft eine erste Blütezeit. Nisa lag an einer Nebenroute. Die Hauptroute führte von Merw aus nach Mesched in Persien und von dort weiter südlich des Kopet-Dagh-Gebirges vorbei, das Turkmenistan von Persien trennt. Von Nisa zur Grenze, die am Gebirgskamm verläuft, sind es nur noch 30 km.

Wir verlassen das alte Nisa und fahren mit dem Bus hinunter in die Ebene nach Kipjak – dem Geburtsort des ersten Präsidenten, in dem seine Mutter und sein Bruder beim großen Erdbeben umkamen. Zur Erinnerung an dieses Ereignis, das einigen tausend Menschen in Aschgabat den Tod brachte, ließ der Ehemalige die riesige Ruhy Moschee mit einem eigenen Mausoleum für sich und seine Familie errichten. In ihr, der größten Moschee Zentralasiens, finden zwanzigtausend Männer und Frauen Platz zum Gebet; die Männer auf den Teppichen im Oktogon des großen Versammlungsraums, die Frauen auf der umlaufenden Galerie. Die vier Minarette sind 91 m hoch. Die 50 m hohe Kuppel leuchtet nicht mit türkisblauen Fliesen, sondern mit purem Gold bedeckt. Über dem Hauptportal prangt eine Inschrift: „Das Ruhnama ist ein Heiliges Buch, der Koran ist Gottes Buch". Im Inneren der Moschee werden Texte des vom Ehemaligen verfassten Ruhnama auf Schriftbändern wiedergegeben. Ich blättere im Internet und finde eine deutsche Übersetzung, die mit den anmaßenden Worten beginnt: „Dieses Buch heißt Ruhnama der Turkmenen und wurde durch die Inspiration des allmächtigen Gottes, die er meinem Herzen zuteil werden ließ, niedergeschrieben." Das persische Wort Ruhnama bedeutet „Buch der Seele". Es ist Pflichtlektüre in den Schulen. In der freien Enzyklopädie Wikipedia lese ich: „Selbst für den Führerschein und die Zulassung zum Studium ist eine Prüfung über das Wissen aus dem Ruhnama Voraussetzung." Absurder geht es nicht.

Der Name der turkmenischen Hauptstadt Aschgabat wurde von dem arabischen Wort Askabad hergeleitet, das mit „Stadt der Liebe" übersetzt werden kann. Die Gastgeber unseres letzten Abends an der Seidenstraße stellen unter Beweis, dass Aschgabat mit Blick auf seine Bewohner diesen Namen zu Recht trägt. In einem großen Privathaus verwöhnt uns eine Familie mit liebenswürdiger Herzlichkeit. Noch einmal erleben wir einen Streifzug durch die zentralasiatische Küche mit Fladenbrot, Gemüsesalat, Teigtaschen und süßem Nachtisch. Trinkhörner aus Elfenbein reichen sie nicht. Wir greifen zu einfachen Gläsern, die reichlich mit Bier, Rotwein und Wodka gefüllt werden. Musikanten spielen auf. Eine Gesangsgruppe trägt Lieder vor und junge Frauen und Männer tanzen für uns – Folklore zum Ausklang wie sie origineller, natürlicher und überzeugender nicht sein kann.

Der Mythos Seidenstraße ist zu neuem Leben erwacht. Die unterschiedlichen Volksgruppen Zentralasiens besinnen sich auf ihre ureigenen kulturellen Werte, sie üben sich in Toleranz, öffnen ihre Grenzen, treiben wieder Handel mit nahen und fernen Nachbarn und schmieden Pläne für ihren Weg in eine globale Zukunft. Beeindruckt treten wir um Mitternacht den Heimflug an.

A n h a n g

Die Reiseroute 2008

So.   12.10.   Flug von Frankfurt/Main nach Almaty in Kasachstan/
                   Ü Hotel Otrar

Mo.   13.10.   Stadtrundfahrt. Nachmittags Fahrt mit dem Sonderzug
                   nach Turkestan/Ü Zug

Di.   14.10.   Vormittags Rundfahrt in Turkestan. Mittags Weiter-
                   fahrt nach Taschkent in Usbekistan/Ü Hotel Palace

Mi.   15.10.   Stadtrundfahrt. Am Abend Weiterfahrt/Ü Zug

Do.   16.10.   Buchara/Ü Hotel Asia

Fr.   17.10.   Buchara. Am Abend Weiterfahrt/Ü Zug

Sa.   18.10.   Chiwa. Am Abend Fahrt nach Samarkand/Ü Zug

So.   19.10.   Samarkand/Ü Hotel Asia

Mo.   20.10.   Busfahrt nach Schahrisabs/Ü Hotel Asia

Di.   21.10.   Samarkand. Am Abend Weiterfahrt
                   nach Turkmenistan/Ü Zug

Mi.   22.10.   Besichtigung von Merw. Am Nachmittag Weiterfahrt
                   nach Aschgabat/Ü Hotel President

Do.   23.10.   Stadtbesichtigung und Fahrt nach Nisa. Kurze Ruhe-
                   Pause im Hotel President

Fr.   24.10.   Nachts Rückflug über Baku nach Frankfurt/Main

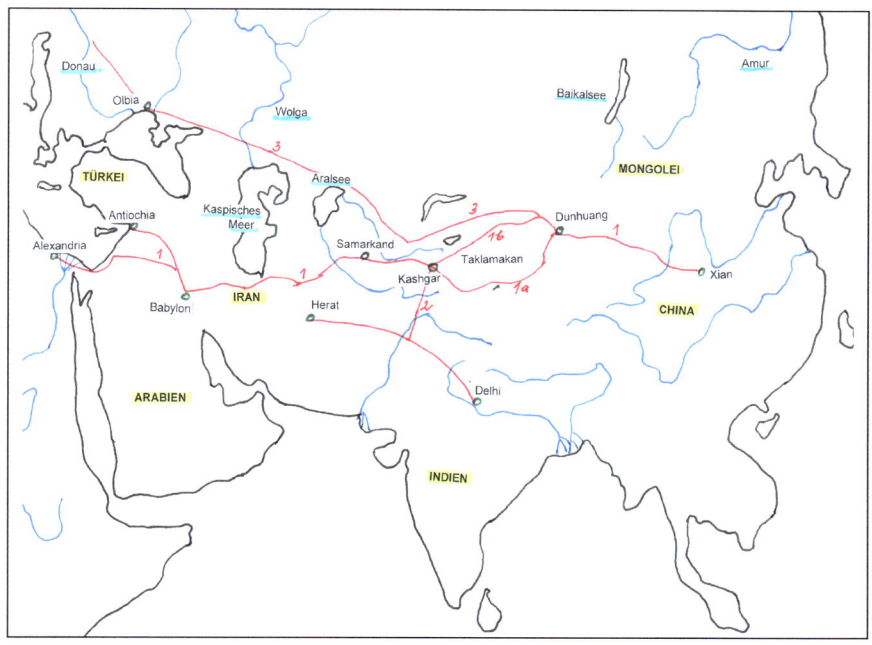

Die Seidenstraße

(1) „Klassische" Route von China zum Mittelmeer
(1a) Südumgehung der Taklamakan
(1b) Nordumgehung der Taklamakan
(2) Südroute nach Indien und Afghanistan
(3) Nördlichste Route nach Eurasien

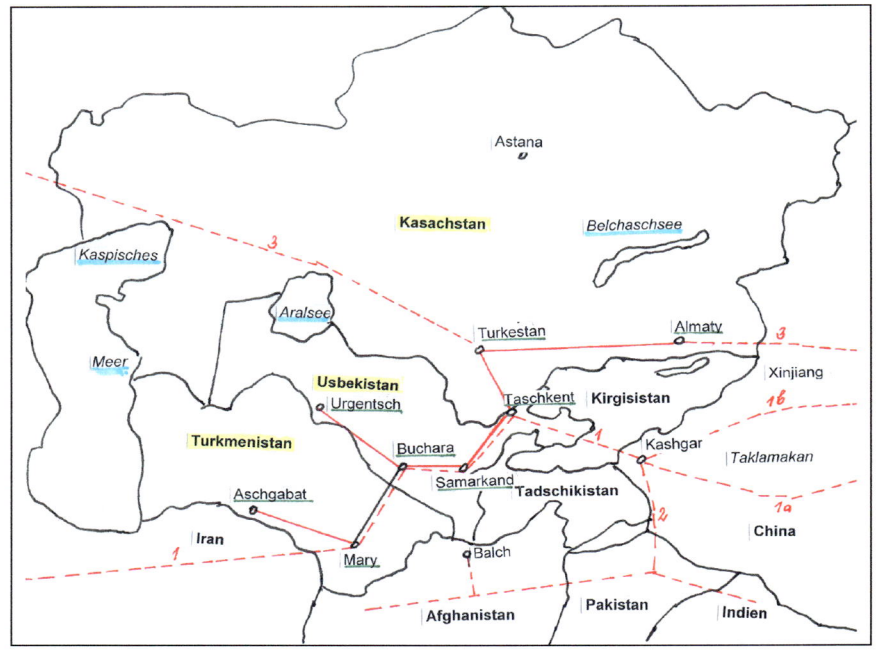

Die Reiseroute = durchgezogene Linie

Karawanenwege der Seidenstraße = gestrichelte Linie
(1) Hauptroute über Kashgar und Samarkand nach Buchara und weiter nach Mesched/Iran
(2) Südroute nach Indien und Baktrien/Afghanistan
(3) Nördlichste Route über Urumqi und Almaty nach Eurasien

Bedeutende Khane der Mongolenreiche

Großkhane des Mongolenreiches
>Dschingis, Gründer des Reiches, reg. 1206-1227
>Tolui, 4. Sohn des Dschingis, reg. -1231
>Ugedai, 3. Sohn des Dschingis, reg. -1241
>Gujuk, Sohn Ugedais, reg. -1248
>Möngke, Sohn Toluis, reg. -1259
>Kublai, Sohn Toluis, reg. -1294, Gründer der Yuan-Dynastie in China. Mit dem Untergang der Yuan 1368 zerfällt auch das mongolische Großreich.

Westtatarenreich der Goldenen Horde
>Batu, Sohn Jochis (1. Sohn des Dschingis), unterwarf die Bulgaren und Russen und regierte 1235-1255 die Gebiete am Unterlauf von Wolga und Don.
>Berke, reg -1267
>Möngke Timur, reg. – 1280
>Usbek, reg. -1342, Blütezeit des Westreiches
>Mit den Eroberungszügen und Zerstörungen durch Timur Lenk 1395 beginnt der Zerfall. Ende des Westreiches 1505.

Tschagatai-Khanat
>Tschagatai, 2. Sohn des Dschingis, reg. 1229-1248 die Gebiete Ost-Kasachstan, Usbekistan, Kirgisistan, Xinjiang
>Die Herrschaft der Nachfolger – unter Timur Lenk auf die östlichen Gebiete zurückgedrängt – zerfiel 1565.

Osttatarenreich der Ilchane
>Chülegü, Sohn Toluis, eroberte 1256 Persien und Bagdad und regierte das sog. Ostreich einschl. Chorasan bis 1265. In dieser Zeit Sicherung der Handelswege/Seidenstraße. Zerfall 1388.

Großreich der Timuriden
>Amir Timur, genannt Timur Lenk oder Tamerlan, errichtete ein neues, letztes Großreich in Zentralasien von Persien bis China, das von 1365 bis 1506 bestand.

Zeitzeugen – chronologisch geordnet

Giovanni de Plano Carpini (1185-1252)
Italiener. Franziskaner. Reiste im Auftrag des Papstes Innozenz IV.
auf den nördlichsten Routen der Seidenstraße zum Großkhan. Als
erstem Europäer wurde ihm 1246 von Guyuk Khan Audienz in einem
Jurtenlager in der Nähe von Karakorum gewährt.

Wilhelm von Rubruk (1215-1270)
Flame. Franziskaner. Reiste ebenfalls im Auftrag des Papstes Inno-
zenz IV. zum Großkhan. Audienz in Karakorum 1254 bei Möngke
Khan.

Marco Polo (1254-1324)
Reiste u. a. über Balch 1273 (= Baktra = Mazar-e Sharif), Kashgar
1274, Kothan, Dunhuang nach Shangtu. Audienz 1275 bei Kublai
Khan in der Sommerresidenz des Mongolenherrschers in der Inneren
Mongolei. Aufenthalt auch in Khanbaliq, dem heutigen Peking.
Dem Erzähler und Schreiber Rustichello da Pisa diktierte er seinen
Reisebericht „Il Milione. Die Wunder der Welt".

Ruy Gonzales de Clavijo (-1421)
Spanischer Diplomat und Autor. Reiste im Auftrag seines Königs
Heinrich III nach Samarkand. Er begegnete 1404 Amir Timur mit
dem Auftrag, ein Bündnis gegen die Türken zu schließen.
Sein Bericht über seine Asienreise wurde zu einer bedeutsamen Quel-
le über das Zeitgeschehen am Hofe des Emirs.

Zheng He (1371-1435)
Chinesischer Admiral. Erforschte im Auftrag des Ming-Kaisers Y-
ongle die Meere über Indien und Arabien bis nach Ostafrika. Gewürze, Perlen und Edelsteine wurden gegen Seide getauscht – Die Seidenstraße verlagerte sich auf den Seeweg.

Vasco da Gama (1469-1524)
Portugiesischer Seefahrer. Umrundete 1498 das bereits von Bartolomeu Diaz 1488 entdeckte Kap der Guten Hoffnung und Kap Agulhas, überquerte den Indischen Ozean und fand den Seeweg nach Indien.

Johann Adam Schall von Bell (1592-1666)
Deutscher. Jesuit, Missionar und Wissenschaftler. Wirkte ab 1630 als Hofastronom in Peking. Er übersetzte das Werk „De re metallica" des Georgius Agricola (1494-1555, deutscher Wissenschaftler namens Bauer) ins Chinesische, lehrte den Chinesen die Metallgewinnung und führte sie in das Wesen der Ballistik ein.

Nikolai Michailowitsch Prschewalski (1839-1888)
Russischer Offizier und Forschungsreisender. Entdeckte als erster Europäer wild lebende Trampeltiere, das zweihöckrige Baktrische Kamel, und asiatische Wildpferde.

Ferdinand von Richthofen (1833-1905)
Deutscher Geograf. Er nannte die alten Karawanenwege zwischen China und dem Mittelmeer erstmals „Seidenstraße".

Sven Hedin (1865-1952)
Schwedischer Wissenschaftler. Einer der größten Forschungsreisenden in Asien. Er entdeckte u. a. die Quellen des Indus und des Brahmaputra und mehrere in den Wüsten versunkene Oasenstädte entlang der Seidenstraße und drang bis zum Lop-Nor-See in der Taklamakan vor. Seine Entdeckungen waren Auslöser zahlreicher archäologischer Grabungen weiterer Wissenschaftler.

World Wide Art
for human rights and peace
Ein Kunstprojekt von Peter v. Krusenstern und Irina Balandina:

Krieg, Not und Ungerechtigkeit sind seit jeher ein fester Bestandteil der verschiedenen Völker und Nationen im Weltgeschehen. Wir können die Weilt leider nicht verändern, aber wir möchten mit diesem Projekt ein kleines Zeichen setzen und zum Nachdenken anregen.
Das Friedenswerk der Künstlerin Irina Balandina wurde in 200 Teile zu je 100 x 50 mm geschnitten und auf Trägerplättchen aufgezogen. Ziel ist, in jedem Land der Erde eines der kleinen „Puzzles" als symbolische Friedensbotschaft an einem markanten Platz abzulegen. Welchen Weg wird die kleine Friedensbotschaft nehmen, wenn sie gefunden wird? Niemand kann es wissen oder vorhersagen.

Irene und Peter Landgraf waren Friedensboten in Zentralasien. Die bebilderten Präsentationen werden auf den Internetseiten des Projektes
www.world-wide-art.de
unter den Links Kasachstan, Usbekistan und Turkmenistan gezeigt.

Bildnachweis

China Archaeology, Beijing 1989, S. 56
Cultural Heritage Bureau of Xingjiang, S. 31
Karlonkovski, V. u. Bryknia G. A., Moskau 1999, S.112
Krusenstern, P. v. u. Balandina, I. 2005, S. 136
Schaus, Ronny, Almaty 2008, S. 26
Shanghai Bowuguan, Beijing 1989, S. 51
The Magic World of the Antiquity, Taschkent 2007, S. 45
Uzbekischer Volkshumor, Taschkent 1995, S. 67
Wikipedia – Freie Enzyklopädie, S. 27, 45

Alle anderen Bilder und Zeichnungen Peter Landgraf

Literaturhinweise

Bruno Baumann, Abenteuer Seidenstraße,
  F. A. Herbig Verlagsbuchhandlung, München 2003

Klaus Pander, Zentralasien – DuMont Reiseführer,
  DuMont Reiseverlag, Ostfildern 2008

Marco Polo, Die Wunder der Welt,
  Insel Verlag, Frankfurt/Main 2003

Umberto Scerrato, Monumente großer Kulturen – Islam,
  Ebeling Verlag, Wiesbaden 1974

Joseph Haydn, Die Schöpfung – Oratorium,
  Wiesbaden-Leipzig-Paris o. J.

Max Reisch, Transasien,
  Verlag Brockhaus, Leipzig 1939

China – Archaeology,
  Beijing 1989

The Magic World of the Antiquity
  State Museum of History of Uzbekistan, Taschkent 2007

Samarkand – Reiseführer,
  Taschkent 2007

Wer die Maus unter dem Arm kitzelt – Usbekischer Volkshumor
  Taschkent 1995

Deutsche Allgemeine Zeitung, Herausgeber: Assoziation der
  Vereinigungen der Deutschen Kasachstans, Almaty seit 1966

Weitere Bücher des Autors

Sommer in der Antarktis
Erlebnisse auf einer Kreuzfahrt
Books on Demand, 2008
ISBN 978-3-8370-2900-0, 84 S.

Im Herzen der Südsee
Tahiti, Moorea, Huahine, Raiatea, Bora Bora
Books on Demand, 2007
ISBN 978-3-8370-1179-1, 60 S.

Asien – Meine Reisen ins Unbekannte
(mit Beiträgen über Südostasien, Thailand, China, Sri Lanka,
Indonesien und Indien)
Books on Demand 2007
ISBN 978-3-8334-6587-1, 344 S.

Vom Fernweh getrieben – Impressionen eines Weltreisenden
(mit Beiträgen über New York, Mexiko, Japan, Taiwan, Libanon,
Marokko, Tunesien, Ägypten und Sinai)
Books on Demand, 2005
ISBN 978-3-8334-3800-4, 324 S.

Hawaii – Mein Traum vom Paradies duftet nach Plumeria
Books on Demand, 2005
ISBN 978-3-8334-3828-8, 100 S.